元全日本女子監督
近藤欽司

魅せられて、卓球

夢に向かいて半世紀

卓球王国

魅せられて、卓球　目次

第2章 「縦つながり」の基本戦術練習と4つの戦型……37

第5章 言葉の力……153

第6章 指導術……175

第7章 卓球とともに歩んだ道のり

装丁　矢野徳子

はじめに

私が白鵬女子高校を退職したのを機に、前著『夢に向かいて』を発行したのは２００４年のことでした。それから14年の歳月が経ち、卓球界にも新しい波が押し寄せてきました。この新しい波に対応すべく、新しい練習方法などを伝えたいと思ったことが、本著を発刊するきっかけになりました。

ルールや技術が刻々と変化していく中で、我々指導者は常に新しい情報を入手し、対応していく必要があります。

たとえば、11点制が導入されてからすでに16年余りが経過していますが、未だに21点制の感覚で指導している人がいるとすれば問題です。単純に考えれば、21点制と比較すると、11点制では1点は2点分の重みになり、またサービスも5本交替から2本交替になりました。戦術の転換が非常に早い11点制においては、相手への対応力がなければ勝ち抜くことはできません。

そして戦術に幅を持たせるためには、技の種類を多く持つ必要があります。プラスチックボールになってボールの回転量が落ちたことで、フィジカルを強化するためのトレーニングも当然必要になります。練習にも「量」だけでなく、さらに「質」が求められる時代が来たと思います。

もちろん、ある程度の練習量は確保しなければなりませんが、より「質」にこだわって、試合に役立つ練習をすべきでしょう。

私には忘れられない経験があります。2008年の北京五輪で目の当たりにした、中国選手たちの練習です。あと1時間くらいで試合が始まるという練習会場で、中国選手はサービスから3球目、レシーブから4球目の2回のラリー練習をひたすら繰り返していました。それはまさに試合同様の集中したプレーでした。コーチもつきっきりでコース、打球点について厳しく要求しており、まさに現代卓球で重要な練習だなと思いました。

卓球の試合は「不定コース・不定打法」で、常に予測や判断が必要です。技を決め、コースを決めてやる練習はあくまでウォーミングアップ。指導者も選手も、ラリーが続いている練習が良い練習だと勘違いしがちですが、実際の試合ではサービスから4回、レシーブから4回の打球でほとんどのラリーは終わります。その4回のラリーの中での得点力や対応力を磨く練習が、試合で役立つ練習と言えるでしょう。また試合は、自分が動くだけでなく、相手を動かすことも必要です。ふたりが同時に動く練習をしたほうが試合では役立つし、効率的です。

これまで世界選手権やワールドツアーを見てきた中で、多くのヒントを与えてくれたのは中国選手のプレーや練習でした。中国の卓球からは常に新しい技術や用具が誕生します。中国選手のプレーを見ていると「日々革命」といった感じがします。

私が常に新しい技術を取り入れ、その練習をさせたいと思うのは、新しい技術は得点になりやすいし、選手たちが興味を持って練習するからです。そして、より良い結果を選手たちに残してもらいたい、日本の卓球がより世界で勝てるようになってほしいという思いがあります。

また本著では、白鵬女子高時代に実践していた年間の練習計画、チームマネジメントの手法や選手をその気にさせる「言葉力」についても紹介しています。

指導者と選手は、常に言葉によってつながっています。指導者が自分の言いたいことを、言いたい時に好きなだけ言う。指導者はスッキリするかもしれませんが、それで選手を伸ばしてやれるでしょうか。生真面目な性格の私が、ジョークやダジャレを口にするようになったのも、まず選手が心を開いて私の話を聞いて、そのうえで物事をわかりやすく伝え、印象強く受け止めさせるためのひとつの工夫でした。指導者として、もっともっと選手の力を発揮させてやりたいと思った時、私は「魔法の口」を持つことを決心したのです。

指導は時に我慢の連続です。長い年月が経たなければ、その喜びは返ってこないものです。卓球とともに歩んできた半世紀の道のりと、それを彩る素晴らしい出会いが、日々手探りで指導を続ける指導者の方々の前途を照らすことに少しでも役立てば、これに勝る喜びはありません。

平成三十年七月　　　　近藤　欽司

第1章

卓球の競技性

練習は量だけでなく、質に対する意識も高めよう

卓球の試合でのラリー回数は、だいたい何回くらい続くものでしょうか。

長く続くラリーは、1ゲームにおおよそ2回か3回です。ラリーが続くと印象に強く残りますが、実際にはサービスから3球目、レシーブから4球目で終わるラリーが5割くらいで一番多いのです。さらにサービスから5球目まで、レシーブから6球目までを加えれば、全体の8割くらいになるはずです。7球目、8球目まで加えれば9割を超えて、これ以上ラリーが続くケースというのは非常に少ないでしょう。

2008年の北京オリンピックで、中国選手たちの「あと1時間くらいで試合が始まる」という時の練習を見ていたら、「サービス＋3球目」あるいは「レシーブ＋4球目」、この2回のラリーの練習を繰り返しやっていました。それ以降のラリーは続けません。その代わり、この2回のラリーの質の高さには徹底的にこだわって、抜群の集中力で練習していた。最高のサービス＋3球目、レシーブ＋4球目を目指していると感じられ、このラリー2回の練習には大きな衝撃を受けました。日本であれば、どちらかがミスをするまでラリーを続けるでしょう。

ただなんとなく2回打っているだけでは、この練習は意味がありません。最高のサービス＋3球

2008年北京五輪の女子シングルス決勝の様子。試合前の質の高いサービス・レシーブ練習が筆者に衝撃を与えた

目、最高のレシーブ＋4球目を追求してこそ意味があるのです。現代卓球では、この考え方の練習が重要で、ここで先手を取れれば、後のラリーは主導権を握っているので得点しやすくなります。平成29年度全日本選手権で優勝した張本智和選手や伊藤美誠選手もサービスから3球目、レシーブから4球目までの意識が非常に高く、張本選手は強力なチキータ、伊藤選手はバック面の表ソフトでの多彩なレシーブで確実に優位に立ちます。

どうしても日本の選手たちはラリー志向が強く、途中でラリーを切ってしまうような練習はしません。練習の量に対する意識はとても高いのですが、質に対する意識は低いようです。つまり体の疲れる練習はするけれども、頭を使う練習が少ない。私もラリー志向の練習をさせていた時代がありましたが、同じミスでも良いミス、しかたのないミスはありますし、選手の判断基準と指導者の判断基準が同じとは限りません。あるボールをスマッシュしてミスしたとしても、選手が「いける」「打てる」と判断して打ったボールであれば、ミスしてもしかたのないことです。「難しいボールをなぜ打った」と指導者の判断基準でミスを責めてしまうと、選手の持ち味、良い個性を殺してしまうことにもつながります。

ミドルの処理なども同様です。選手はバックで処理したほうが良いと思っているのに、指導者が「フォアで動いて打て」と言うと選手は迷ってしまいます。

選手の判断基準については、普段の練習の時点からよく観察しておく必要性があります。試合でのプレーが無茶打ちなのか、判断して打っているのかは見定めないといけないでしょう。練習中に「今どうして強打したの?」と聞くこともあります。そのうえで「自分で強打できると思って打った」のなら尊重すべきでしょう。

サービス・レシーブへの意識が高く、一気に主導権を握ることができる張本選手

試合は「両方の選手が動きながら打つ」。自分も動くが、相手も動かすのが実戦的な練習

卓球の競技特性として、片方の選手が動くだけでなく、対戦する選手同士が動きながら打球することが挙げられます。

しかし、多くのチームの練習を見ていると、片方の選手が半面で相手をして、もう片方の選手が全面で動いてボールを打ち返して練習するケースが多く見られます。また、相手のバックサイドにボールを送って、自分はフォアとバックで一本ずつ交互で打球する練習も多く見られます。半面対全面の練習は、ずっと昔から受け継がれています。

自分だけがオールコートで動いて、相手が半面でしか動かないというのは実戦ではあり得ません。自分が動くだけでなく、「相手も動かす」というのが本当の実戦的な練習です。従来の半面対全面の練習では、自分が動くのはもちろん、相手の空いたスペースに時々強打するような決まりを含めれば良いのです。

半面対全面の練習が必ずしも悪いというわけではなく、その練習にどれだけ実戦的なエッセンスを加えていけるかということです。試合で求められる条件は「予測」「反応」「判断」「動き」です。コースの固定された練習では、これらの能力を磨くことはできません。

私が指導していた、実業団のサンリッツの練習でも取り入れてきましたが、たとえば相手をしている選手は必ず球質の変化や緩急を加え、そしてバックサイドからはバックハンドだけでなく、フォアで回り込むボールも入れる。フォアで動く選手も、ある程度ラリーが続いたら、フォアサイドにスマッシュするとか、バックハンドでバックストレートに抜くとか、そういう点を取る技術も混ぜて練習すれば良いのです。

大会会場で試合前の練習を見ていると、もっと練習相手の意識を高めていかないと良い練習はできないと感じることがあります。試合では、対戦相手は点を取ろうとして「生きたボール」を打ってくるのですから、練習で打ちやすいボールばかり返してもらっていても、ボールの質は全く違ったものになります。それは練習をしている側から、練習相手に注文をつけていくべき部分です。特に上級生が下級生とやる時には、たとえば「もっと大きく動かして」とか「もっと緩急をつけて」と言うように、要望を出すべきです。指導者も、練習している選手ばかり注目するのではなく、練習相手にも意識を高く持つよう、アドバイスしていく必要があるのです。

試合になれば、つなぎのボールだけでは得点はできません。選手は得点するためにより厳しいコースに、より強いボールを打とうとします。その気持ちとかけ離れた練習、死んだボールをポンポン打ち合う練習は、回数が続いて気持ちの良い練習かもしれませんが、「点取りゲーム」である卓球では生きてきません。あくまで、点を取る技術を使い、厳しいコースを攻め合う練習が必要です。

　また、バック半面対全面のランダム練習をしている時に、全面の選手がバックストレートに打ったらフリーにするとか、動いている選手が最初の5〜6本は60％の力で打って、それ以降は80％の威力のボールを打つというように打球の威力などを変えていけば、より質の高い練習に近づいていきます。

試合は「不定コース」「不定打法」。「調子が悪い」で片付けていては進歩がない

　卓球というスポーツの試合での特徴のひとつは「不定コース」「不定打法」、つまり打法とコースが自由であるということです。「相手がこう打ってくるだろうから、こちらはこう対応しよう」と考えていても、その予測が100％当たり続けることはあり得ません。

　先に述べたように、卓球の試合ではサービスから3球目、レシーブから4球目までにラリーが終わるケースが、全体の5割近くを占めています。また、5球目以降もラリーが続く場合でも、4球目までにどちらかの選手がラリーの主導権を握っているケースがほとんどです。

　そのサービスから3球目、レシーブから4球目までの4回の打球を考えてみても、自分で球種

やコースを自由に決められるのはサービスだけです。残りの4分の3、つまりレシーブ以降のすべての打球は、相手が先に打球し、その打球を瞬時に予測・判断して対応しなければなりません。実は卓球というスポーツは、相手のプレーに対応することのほうがずっと多いのです。

ところが、経験の浅い中学生や高校生は、自分の卓球をやろうという意識ばかりが先に立ってしまい、相手の心理や戦術、どういう特長があるのかを観察しないまま試合をしてしまう傾向があります。指導者もよく「自分の卓球をしなさい」とか、「もっと攻めろ」と言いますが、相手も「特長を封じよう」「攻めさせないようにしよう」と考えてプレーしているわけです。実際には、自分の卓球をすること以上に、相手のプレーへの読みや対応力が重要なのです。そうしないと相手との「噛み合わせ」がうまくいかず、試合で力を発揮することができません。

対応力の一番の課題はレシーブです。相手が3球目攻撃で何をしようとしているか、どこで待っているか、それを瞬間的に察知して、3球目の技を封じ、攻めさせないコースにレシーブする。もちろん、相手の3球目を100%封じることはできませんが、逆モーションや二段モーションで相手の予測を外し、4球目で先手が取れるような練習も重要になります。サービス+3球目と同じで、レシーブと4球目をセットで考えることが大切です。

初対面の相手が出すサービスに対し、レシーブで相手を封じようとしても、うまくいかない時があって当然です。それにも関わらず、頭が真っ白になって、パニックに陥っては勝ち目はありません。初対面の相手に対し、いきなり良いレシーブはできないのが当たり前だと思って、まずは安全に入れて、攻められたとしてもブロックの準備をする。「どうぞ打ってください、私は4球目で待っていますから」というくらいの気持ちでいれば、余裕を持ってプレーでき、ミスも少なくなるでしょう。

卓球には様々なプレースタイルがあり、それぞれに相性や攻略法があります。それがわからずにプレーしていて「ミスが多い、調子が悪い」と言っている選手がいます。私に言わせれば、それは卓球の調子が悪いわけではなくて、頭の調子が悪いのです。いつも「調子が悪い」という言葉で片付けてしまっては進歩がありません。

試合での相手との駆け引きというのは、野球のピッチャー（投手）がバッター（打者）を打ち取ろうとする時の駆け引きに相通じるものがあります。ピッチャーはバッターが得意な球種やコース、逆にどの球種やコースが苦手

相手への対応力が抜群に高く、どの試合でも安定した実力を発揮する水谷隼選手

なのかなど、様々なデータをもとに投球し、有利性を作ります。また、自分の最も得意なボールをどこで使うかという駆け引きを考えます。同時にバッターもピッチャーの得意なボールやコースを知っていて、「1球目は内角だったから、2球目は外角に来るだろう」というように予測を立てて対応します。それまでの対戦による情報を含めながら駆け引きをする、それは卓球も同じではないかと思います。

また、野球ならば非常に速いボールを投げるピッチャーであっても、バッターの予測を外す変化球を必ず持っています。卓球でも相手の予測を外す意外性のあるプレーや、フェイントになる技術を持っていないと、一本調子のプレーでは相手に慣れられて通用しなくなります。相手のプレーを予測しつつ、相手の予測を外すという意識も練習の中では重要です。サービスであればトスを上げ、打球する直前まで相手のちょっとした動きを観察して、少し前に動いたら瞬時に長いサービスに変更する。そのような「突発性」のあるサービスを出せることが望ましいでしょう。

「取る」「取られる」「与える」「もらう」。得失点には4つの状態があることを意識する

卓球の試合は、11点取れば1ゲーム取ることができます。それは普段の練習と密接な関係があ

ります。

試合における点の動きは、「点を取る」「点を取られる」「点を与える」「点をもらう」の4つのパターンで、どちらかに点が加わります。どちらとも言えないような加点もありますが、おおよそこの4つに大別できるでしょう。

点を与えるというのは、たとえばサービスミスだったり、チャンスボールをミスしたり、単調なサービスのレシーブをミスしたり、相手が「ラッキー」と感じるような失点です。試合はこういう失点で流れが変わることが多くあります。相手に精神的な余裕を与えてしまうからです。

逆にもらう点というのは、自分がラッキーと感じるポイントです。これを期待してプレーするわけにはいきませんが、相手からポイントをもらった時は、その一本をきっかけに気持ちを切り替え、相手を追い詰めていくような戦い方が必要でしょう。たとえば3－7の場面で、相手がサービスミスをして4－7になった。まだ3点リードされていますが、一気に挽回できるチャンスです。ただの1点だと思っていては、一気にひっくり返せるような勢いがつきません。自分はカウントとしては不利だけれど、相手が少し気を抜いたようなミスをしたら、そこがチャンスだという意識を持つことです。

実際の例を挙げましょう。16年リオデジャネイロ五輪の女子団体準決勝のドイツ戦、伊藤美誠選手がトップでゾルヤに対し、最終ゲーム9－3から逆転を喫しました。9－3の場面で一本、

16年リオ五輪・女子団体準決勝の伊藤美誠対ゾルヤ戦。一本で流れが変わる試合の怖さが出た一戦だった

パーンと無造作に打ったようなミスがありました。「あれっ」と思うようなミスで、それをきっかけに連続失点で逆転されてしまいました。そのようなことが試合では起こりうるのです。相手に与えた失点から流れが変わったケースです。一端このような流れになると、元に戻すのは困難です。

卓球は心理状態がすぐにプレーに出るスポーツ。1ゲーム目を11－5で取って、2ゲーム目は逆に5－11で取られるというケースが多くありますが、コートチェンジだけでなぜそんな試合展開になってしまうのか。それは心理状態、つまりメンタルによるものです。試合中に技術力が変わったり、実力差がつくというのはあり得ません。

1ゲーム目に11－5で勝ってベンチに帰ってきたら、相手は必ず戦術を変えてきます。2ゲーム目も、1ゲーム目と同じように戦って負けてもいいと考える選手などいないからです。たとえばサービスの組み立てを変えたり、3球目攻撃のコースを変えます。その戦術転換に早く気がついて、何を変えてきたのかをしっかり読み取って対応できれば、一方的にゲームを落とすということはないでしょう。相手も慣れてくるし、起きて当然のことが起きているわけだから、当然のこととして対応しなければなりません。そこで焦りに陥ったり、対応できないというのが卓球では一番悪いパターンです。自分の力が出せなくなり、相手のことも見えなくなってしまいます。

そのような時はあわてることなく、深呼吸して「自分の中にもうひとりの自分を作る」のです。そしてもうひとりの自分が「相手が変えてくるのは当たり前だ」とアドバイスするのです。自分と自分で対話してセルフコントロールすれば、余計な焦りを感じることは少ないでしょう。

無駄な練習をしないために重要なのは「試合中の状況設定」を練習に組み込むこと

「試合中の出来事をよく考えてごらん」

これは練習前、私が選手たちによく言う言葉です。練習で大事なのは、試合を想定する「状況設定」です。状況設定のない練習は、試合での駆け引きの場面ではあまり役に立ちません。

たとえば試合では、相手にツッツキでレシーブをさせて、3球目でドライブをかけて先手を取るというパターンは、多くの選手が考えることです。そこで相手はどうするかというと、ストップレシーブでドライブを封じようとしてきます。ストップレシーブのうまい相手だったら、3球目ドライブができなくなって、プレーが噛み合わなくなる。3球目ドライブで「攻められない、攻められない」と思っているうちに試合が終わってしまいます。ベンチからは「どうして攻めないんだ」と声が飛び、選手はますます攻撃に意識が偏ってストップの対応があまくなり、プレーが噛み合わなくて、力が出せないまま終わってしまうのです。

そこで必要なのは戦術の転換です。常に3球目でドライブ攻撃しようとするのではなく、「3球目では攻撃するチャンスを作るための仕掛け技を使い、5球目で攻める」という戦術に切り替えればいいのです。相手のストップを待って、3球目でダブルストップをしたり、深く切れたツッツキで返球して、5球目でドライブ攻撃を仕掛けていく。最初からストップレシーブを待っていれば、対応するのはそれほど難しくありません。

相手のレベルが上がってきたら、3球目で自分のやりたいプレーができないことが多くあるのは当たり前です。自分のやりたいことばかり練習していたら対応力は身につきません。自分のやりたいことができない状況を設定して練習を考える。そして試合では、自分のやりたいことばかりでなく、できない事にヤマを張っていく。そうすれば局面は打開できるはずです。

一例を挙げれば、シェークハンドでバック表ソフトの選手なら、表ソフト面を回転量の多いドライブで攻められる場面が多くあります。そこでパンパン打ってばかりでは、ミスが増えてなかなか勝てないでしょう。いなしたり、回り込んでフォアで攻めたりするプレーも必要です。また、前陣でプレーする選手なら、相手は左右に大きく動かしながらミドルへの攻めを混ぜてくるので、速く大きく動きながらミドルにも対応する練習が必要です。

加えて、最近ではハーフロングのサービスや、ツッツキでのレシーブが多用されるので、その対応練習も必要となります。試合での状況設定をした練習は重要です。

そして、練習相手をする側になった時、相手の打ちやすいボールを送る、つまり「死んだボール」で返球することは改善すべきです。試合ではみんな得点しようと気持ちがこもった「生きたボール」を打ってくるわけで、伸びたり、厳しいコースを突いてきます。練習の段階から、お互いに「得点したい」という気持ちを持ってラリーすることが大切なのです。また試合では誰もが相手の嫌なことをやり合うので、そうしたテーマの練習も試合で勝利するためには必要です。

私もかつてはプレーヤーでしたから、自分自身への反省も含めて練習方法を考えることがよくあります。現役時代に分かっていれば、もっと勝てていたのにと思うこともたくさんあるのです。

「予測能力」が高まると選手はグッと伸びる。「読みを外す意外性」も技練習に取り入れよう

選手の成長曲線というのは、なだらかな曲線で伸びる時もありますが、あるきっかけを境にグッと縦に伸びる時があります。選手自身も「今、自分は伸びている」と気がつきます。指導のコツというのは、より早く選手を強くするということですから、その選手の「伸び時」を作ってやることが重要です。

グッと伸びている時、選手は非常に良い表情をして、楽しそうに練習します。普段から選手をよく観察し、選手の伸び時を見逃さないで、この時こそほめる声がけをすることが重要です。「今まで入らなかったボールが入るようになってきた」とか、「動きがとてもなめらかになってきた」というように、どんどんほめて、選手を「乗せてやる」ことが必要です。

チームの中には、必ず勢いのある選手がひとりかふたりいるものです。今すごく調子が良い、一刻も早く練習したいという状態。その勢いを生むのは、ひとつには「予測」が当たるようになった時です。相手のプレーを読めるようになってきて、「待ってました」という感覚で3球目、5球目を攻めていける。そういう時は試合をやってもプレーが冴えています。

予測が当たるようになって、点の取り方や試合の勝ち方がわかってきて、グンと伸びた選手を

特に女子選手の指導では、卓球は「予測の競技」であることをしっかり教える必要がある。写真は JOC エリートアカデミーを指導していた時期の筆者

私はたくさん見てきました。選手を勝たせる「近藤マジック」と言われた言葉の裏には、この予測力を伸ばす指導があったのです。予測は外れることも当然ありますが、選手を育てる意味ではとても重要です。さらに予測力が向上すると、２～３カ所は予測ができるようになり、また外れても対応できるようになります。

一方で、女子選手に多く見られる傾向ですが、試合で予測を立てるのを怖がる選手も少なくありません。なぜ予測を怖がるかというと、「外れたらどうしよう」という気持ちが働くからです。男子選手の場合は「外れたらしかたない」と考えて、割り切って予測することができますが、女子選手の場合は安定志向に陥らないよう、指導者が背中を押して、卓球は「予測の競技」だということを教える必要があります。

そのうえで、選手の予測が当たって「待ってました」と3球目攻撃で決めた時は「ナイスボール！」とひと声かけて、選手にその感覚を染み込ませてやることです。

予測が外れた時の対処法にもレベルがあります。やっと入れるボールだと相手に強く打たれて終わりですが、つなぐだけでなく回転をかけたり、コースを突くことでしのいで5球目で攻めることができれば、得点力はかなり上がります。

また、予測を立てるうえで大切なのは「頭と体を別々に使う」ということです。たとえばバックにボールが来ると読んで、頭も体もパッとバックに動いてしまったら、フォアにボールが来た時に対応できません。そうではなく、頭ではバックへのボールを予測しながら、体は基本の位置で待つ。そしてバックにボールが来たと判断したらバックに動く。頭と体を一緒に使って、相手の打球前に動いてしまったら、相手に待ちを読まれて逆を突かれてしまいます。

強い選手は1カ所だけでなく、2カ所、3カ所で予測を立てることができ、体は基本の位置に置きながら、頭は複数の場所で反応します。そして、どこにボールが来ても「待ってました」という感じで打球していきます。

そして、もうひとつ重要なポイントは、「自分の予測をなるべく相手に読ませない」という技術です。たとえば回り込んでバッククロスに打つと見せかけて、バックストレートに打つ技術。相手はクロスに来ると予測していたのにストレートに来たわけで、「待っていませんでした」という体勢が崩れた打球になり、当然試合でも勝率が高くなるでしょう。

構えと実際に打つコースを変えることで、相手の予測を外す意外性のある打法。これはシニアになってから身につけることはなかなか難しいので、なるべく子どものうちから練習したほうが、身につけやすいでしょう。この考え方は現代卓球ではすでに基本であり、台上プレーや3球目で使う技の練習に取り入れるべきだと思います。いつも同じ構えから同じ打法をしていたら、相手に読まれやすい選手になってしまいます。11点制になって、相手に慣れる能力は格段に上がっているからです。これは指導者がもっと理解すべきポイントでしょう。

どうやって得点し、どうやって失点を減らすか。それを突き詰めて考えていけば、基本練習の「基本」の概念や、従来の指定コース・指定打法の単純な練習も変わってくるはずです。ラリーを続けるだけの練習では効果が少ないのです。

予測に対する「決断力」がある選手、ない選手。決断力がある選手はミスを引きずらない

予測というのは確率です。返ってくる確率が高いコースがわかっていても、女子選手の場合はなかなか決断できず、全面的な予測になってしまい、どこに返されても外れます。それは結局、

予測していないのと同じことです。

白鵬の選手で言えば、内山京子（89年世界選手権ベスト8）や佐藤利香（88・91年全日本女子優勝）といった選手たちは、自分の予測に対する決断力がある選手でした。そういう選手たちは、不思議と予測が外れても何とか対応できるのです。この決断力というのは「勝負勘」と言われることもありますが、ある程度は先天的な部分もあるでしょう。現役選手で言えば、石川佳純選手なども決断力がある選手です。同時に、予測が外れてもなんとか返球し、そのショックを引きずらないのです。

一方で決断力のない選手というのは、試合で競ることはあっても、最後の最後で勝ち切れない。対外的な練習試合を行ってデータを取り、ゲームオールになって勝つ確率と負ける確率を調べてみるとわかります。かなり競った試合が多いけれど、勝率が低い選手がいるのです。

今はビデオもありますから、選手たちと一緒に映像を見

カット型というスタイルながら、プレーに天性のひらめきを持っていた内山京子

ながら、状況から判断する予測のやり方を「相手がこう来るのは予測できるだろう」と実際に示していく。そうやって決断を促し、競り合いの中でも自信を持って予測していけるよう指導していました。「予測は外れることがあってもしょうがない。ただし、外れても全力でボールを追いかけなければいけないよ」と伝えてあげれば、大抵の選手は納得するでしょう。

そういう決断がたまに当たって、重要な場面で得点して勝つ時があります。すかさず言葉がけをして、選手に予測の「味」を感じさせることが大切です。

内山は予測能力も決断力も抜群の選手で、試合前から相手との戦いをイメージしていて、試合になれば相手のエースボールを狙って得点していました。これは相手にとって、一番ショックが大きい失点です。だから21点制で、1ゲーム目は17点か18点くらい相手に取られたとしても、2ゲーム目以降は10点くらいで勝つことが多かったのです。

一方、まじめで決断力が低いタイプの選手は、努力を惜しまずに頑張る子が多いですが、勝負になると勝ちづらいのです。高校の部活動ですから、本質的には努力をする子を評価してあげたい。「この子は本当に頑張っているから試合に出してあげたい」と思って、期待して試合に出すと、競り合うけれどもなかなか勝てない。期待外れの結果になることが多いのです。逆に決断力のある子は、練習では手を抜く時もありますが、試合では抜群の勝負強さを見せて勝つことが多い。それが現実です。

まじめで努力するタイプの子は、ミスをずっと引きずる傾向があります。戦術に頭を集中させて、次の一本をどう戦うかを考えさせ、ミスを引きずらないように指導することが大切です。

カウントと「安全のレベル」。安全にプレーしなければならない場面に備える

試合では「0－0（ラブオール）」の時と「9－9」「10－10」の時では全く心理状態が違います。試合を基準に考えるなら、練習でもカウントを取ったり、「連続で何本入るまで」という目標を設定したり、試合と同様のプレッシャーが必要になります。

時間を決め、ただ何となく練習をするのではなく、たとえばスマッシュの練習であれば、自分の中で「5本続けて入れる、それを1セットとして5セットやる」という目標を作ってみましょう。すると4本目くらいからプレッシャーがかかってきて、4本目や5本目でミスをすることが多いのです。

練習での質を高めるためには、このようなカウントや回数を目標とした練習をしておくと良いでしょう。サービス練習などでも、たとえば「狙っているコースへ5本続けて入れる」「台上で2バウンドするサービスを5本続ける」という課題を作ることができます。

「安全」にプレーしなければならない場面でも、質の高いボールで攻められる伊藤美誠選手

練習の最後に10オールからの試合をやるのもいいでしょう。要は「プレッシャーのある中でプレーする」ということが大事です。ただ10分交替、7分交替での練習を繰り返していると、何もプレッシャーを感じないまま練習が終わってしまうからです。

私も白鵬時代は多球練習の球出しをよくしましたが、最後に「スマッシュが5本続けて入ったら終わり」というような課題をよく出しました。そうすると、それまでとはプレーの集中度が変わります。プレッシャーのかかった練習の重要性を選手に説き、実践するのです。

試合中のスコアと、プレッシャーについてさらに考えてみましょう。楽な気持ちでプレーできるのは大きくリードした場面ですが、普通は「一本取りたい」「ミスをしないようにしよう」という心理状態で、60~70%の威力で入れにいくプレーが多いのです。同様に試合で3本ミスが続けば、4本目はそうそう無理打ちはできません。やはり「安全にいこう」と考えるでしょう。

しかし、試合では安全に相手コートに入れさえすれば良いのかというと、決してそうではありません。レベルの低い「安全」では相手に強打されてしまいます。特に試合中につなぎの技として用いられる技術、ツッツキやショート、台上プレーのストップやフリックなどは、安全にプレーした時と積極的にプレーした時では、その後のラリー展開がガラリと変わってきます。「安全にプレーしなければならない場面でのプレー」に備え、普段からそのレベルを上げる練習に取り組むことが重要です。

平成29年度全日本選手権で優勝した若きチャンピオン、男子の張本智和選手と女子の伊藤美誠選手の共通点は、先に述べたサービス・レシーブへの意識の高さに加え、つなぐボールの打球点が早くてコースが厳しいこと。プレッシャーがかかる場面でも、サイドを切る厳しいコースへのバックハンドや打球点の早いツッツキなどで相手を押し込む。そこまでレベルを高められれば、つなぎの技術でもチャンスを作る「仕掛け技」にすることができるのです。

第2章

「縦つながり」の基本戦術練習と４つの戦型

「点取りゲーム」である卓球。得点力と対応力を高める「縦のシステム練習」も基本練習に入れよう

卓球の試合は点取りゲームです。自分が点を取ろうとするだけでなく、相手も点を取りに来るので、それを阻止しなければなりません。第1章で述べたように、点を「取る」「取られる」「もらう」「与える」という得点の4つのパターンの中で、まず「点を取る」、得点力を高める練習が最も重要になります。その次が対応力、つまり失点を減らす練習です。たとえば、自分の弱点を突かれた時や、相手が特長を発揮して攻めてきた時の対応です。三番目が自分の凡ミスにより、相手に与える失点を減らす練習。これらが練習メニューを考えるうえでは大事です。

私は現代卓球は、ゲーム練習を多くやりながら反省し、「どのような練習をしたらよいか」を考える競技だと思っています。以前の21点制の時は、1日の練習のスケジュールもまず基本練習をして、それから課題練習、最後に試合をやるというのが一般的でしたが、11点制の現在ではむしろ逆の練習計画を立てるべきです。特に試合が近い時期では、30分くらい練習してすぐに試合をたくさんやって、その中で練習すべき課題を見つけ、最後に反省練習をして終わるという計画が良いでしょう。そのほうが試合での戦術の転換や予測、駆け引きを多く学べるのです。

また、私は講習会で「練習でできたことが、なぜ試合でできないのでしょうか?」という質問

をよく受けます。試合で負けた後に「練習でできたのに」と敗因を語っている人がいますが、練習内容を聞くと試合であまり役立たない、練習のための練習をしているのです。

だから私は「練習の力が自分の実力と思ったら、それは間違いだよ。試合で出している力が君の力じゃないですか?」と言います。学校のテストでも同じでしょう。練習問題でいくら良い点数を取っても、本番のテストで良い点数が取れなかったら、先生も良い成績をつけてはくれません。

そのうえで、私が現在非常に重要だと考えている練習が、個々の基本戦術を高めるシステム練習です。サービスあるいはレシーブから自分の基本戦術を高め、あるいは幅をつけ、得点力を上げていきながら、対応力も鍛えることができます。卓球というスポーツの本質が「点を取ったり、取られたり」という「点取りゲーム」であるならば、現代卓球ではこのようなシステム練習も基本練習の中に入れていくべきだ、というのが私の考えです。

一般的に、基本練習は「横」の練習が多くなります。たとえば、フォアハンドのフットワークや両ハンドの切り替えは前進回転のラリーを想定したものですが、サービス・レシーブは含まれません。しかし、試合は必ずサービス・レシーブから始まるので、サービス・レシーブをラリーの前に入れてシステムを組みます。これはいわば「縦」の基本戦術練習です。

私が指導していたサンリツの練習も、ひとコマ目はコースを決めた基本練習を二種類くらいやりますが、ふたコマ目からはサービス・レシーブを加えたシステム練習に取り組むようアドバイスしていました。ひとコマ目の基本練習でも、お互いが動く練習にしたり、途中からフリーにしたり、緩急をつけた実戦的な練習をするよう、選手に要望を出していました。

試合で使う「戦術」の中で、どの戦型にも共通する「基本戦術」の代表的なものが「サービス＋3球目＋5球目攻撃」です。最も自分の特長が出せるパターンでシステムを組みます。ドライブ型のA選手がB選手を相手に「サービス＋3球目＋5球目攻撃」のシステム練習を行うと仮定して、ラリーの回転やコースをどのように指定していくか、シミュレーションしてみました。

①A サービス（コース&回転を指定）
②B レシーブ（技術は指定・コースは自由）
③A 3球目（コース指定）
④B 4球目（技術もコースも自由）←ここからフリー

（例）
①A ミドル前に下回転系サービス
②B 全面にツッツキでレシーブ
③A 両ハンドドライブで相手のバックに返球
④B 全面に返球、技術やコースはすべてフリー

Ａ選手のサービスのコースと回転が決まっているのに対し、Ｂ選手のレシーブは使う技は決まっているものの、コースは指定されていません。それに対するＡ選手の３球目ドライブ攻撃はコースを指定、Ｂ選手の４球目以降はコースも技術も完全にフリー（不定）です。ここから実戦同様のラリーに入ります。

次のコマでは１コマ目のサービスを変えたり、３球目攻撃のコースを変えます。また、レシーブからのシステム練習もあります。Ａ選手が「レシーブ＋４球目攻撃」のシステム練習を行う場合は、たとえば練習相手のＢ選手に「フォア前かバック深く」という実戦で多いコースへサービスを混ぜて出してもらう。サービ

サービス＋3球目＋5球目攻撃
システム練習の一例

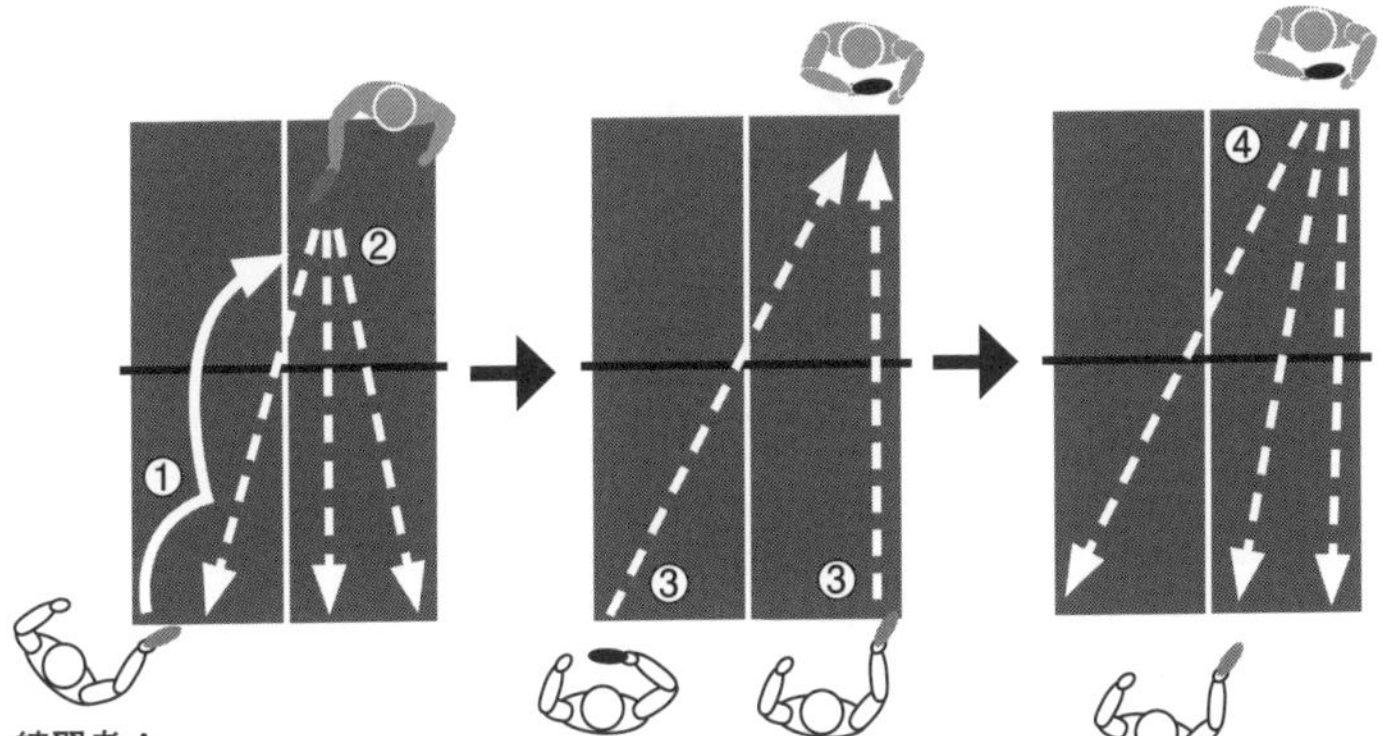

①ミドル前に下回転系サービス
②全面にツッツキでレシーブ

③両ハンドドライブでバックに返球

④相手は全面に返球し、4球目以降はフリー。練習者は5球目で連続攻撃を狙う

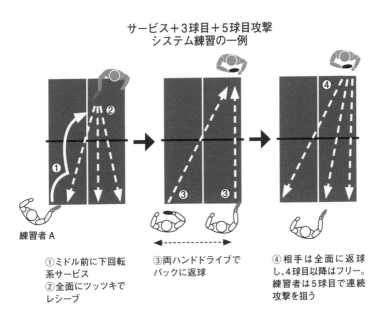

スの回転は自由で、A選手は技は自由、コース指定でレシーブ。B選手はレシーブのコースがわかっているので、3球目で攻めることが容易になります。相手が有利な立場で3球目攻撃をして、A選手は4球目の返球コースは指定。強く打たれたらブロック、あまければカウンターで狙って、同じようにフリーのラリーに入っていきます。

このように、システム練習のパターンは戦術の幅としてたくさん考えていくことができます。技術とコースが、相手のほうが先にフリーになっていくことで、練習する側のA選手が少し不利な状況を作り、負荷をかけていくのがポイントです。

システム練習は時間で区切って行っても良いのですが、いくつかのシステム練習のパターンを準備しておき、2点、あるいは3点連続でA選手が得点するたびにパターンを切り替えていくやり方が有効です。連続得点を達成したら、サービスの球種やコース、3球目攻撃のコースなどを次々に変えて、自分の得意なサービスからの得点力を鍛えていきます。そうすることで戦術の幅につながっていきます。

最終的に相手がどのコースに、どの技でレシーブしてきても対応できるようになれば、それだけで相手にプレッシャーをかけていくことができますし、相手を追い込むことができます。逆にドライブ主戦型の選手が、フォアにツッツキでレシーブしてきたボールをドライブミスしたとすれば、基本戦術がしっかりできていないということになります。自分の得意なドライブが使えるレシーブが来たのにミスしたわけですから、ミスをしないよう徹底して練習しなければなりません。特に中高生の選手にとっては、プレーの土台を作り、幅を広げる基本戦術のシステム練習が重要で、基本練習として取り組んでほしいと思います。

サービスゲーム、ラリー制限、2本連取で1点。現代卓球の要件を満たした条件付きゲーム

「サービス＋3球目＋5球目攻撃」のシステム練習で、様々なパターンで安定して2点、または3点連続で得点できるようになってきたら、さらにこれを発展させる練習があります。それは条件付きゲームです。

たとえば、片方の選手がずっと得意なサービス（コースは自由）を出しながら、11点制のゲームをやります。サービスを持った側が10本のうち7本得点するのが理想です。試合にあてはめて考えてみると、11点取れば1ゲームを取れるわけですから、11－9で勝つことを想定した場合、双方に10本ずつサービスがあります。サービスで7本取り、レシーブで4本取ることができれば、合わせて11点になるので勝利できます。これが試合運びの基本です。

また、ラリーの回数を制限したゲーム練習を行うのも面白いでしょう。たとえば、促進ルール

練習では「どうやったら点が取れるか」を常に意識しておく必要がある。
写真は練習を行う天野優（サンリツ）

を短くして、レシーブ側が3回、つまり6球目を返したらレシーブ側のポイントということにします。このようにすれば、サービス側の選手は5球目までに得点するために知恵を絞ります。サービスや3球目のレベルを高めないと、5球目で強打ができないからです。試合と同じようにカウントを取るので、実戦で重要な5球目までの意識を高めることができます。逆にレシーバーの立場から言えば、6球目を返せば得点になるわけですから、こちらもレシーブを含め、3回の返球の意識を高めることができます。そして試合ではそのようなことを考えなくても、ラリーの80%は6球以内で終わるのです。

勝った選手が上の台に上がり、負けた選手が下の台に下がる「エレベーター形式」で行えば、選手たちもやる気が出ますし、集中して取り組むことができます。

「どうやったら点が取れるか、相手の嫌なことは何なのか、それを常に意識して練習しなさい」。私は機会あるごとに選手たちにそう伝えています。それは毎日の基本練習の段階から、常に意識しておくべきことです。練習メニューの内容だけでなく、意識の部分が大事です。

意識の高い練習と言えば、たとえばサービスから3球目、5球目まである程度コースを決めて、それ以降はバック半面対オールというような練習をやるとします。

ここで比較的多いのは、5球目攻撃の質が低く、基本練習のラリーのような「死んだボール」のラリーになってしまうケースです。実戦だったら、3球目で攻めて5球目も連打する、あるいは3球目で仕掛けてチャンスを作り、5球目で強打に持っていくというように、5球目のボールの質の高さが重要になります。5球目で威力のあるボールを打つという意識を持たなければいけません。ラリーが続けば良い練習ではなく、得点する、あるいは失点を減らすという意識が必要です。

若かった頃の指導への反省。たどりついた「4つの戦型」と目指すスタイルに合った基本戦術練習

私が若かった頃の指導を振り返ってみると、ひとつの反省としてあるのは、どの選手にも同じ内容の、画一的な練習メニューをやらせていたことです。実際には、選手にはそれぞれに目指すスタイルがあり、行うべき練習があります。

たとえば相手にツッツキでレシーブさせて、3球目でドライブで攻めるタイプがいます。ラリーに持ち込んで点を取っていくタイプもいますし、異質型の選手で、バック面の異質ラバーでチャンスを作ってフォアで決定打を狙うタイプもいます。このように、目指す卓球における基本戦術が卓球の土台であり、その内容を基本練習の中に取り入れ、高めていく必要があります。ツッツキをさせるサービスから3球目ドライブで先手を取り、得点に持ち込むタイプ、長いサービスから打たせてブロックやラリーで点を取るタイプ、といったように基本戦術の時点から選手によって、サービスや3球目の技の違いがあります。3球目や5球目で出していく自分の特長が何なのかを考え、基本練習をしてほしいのです。

選手は性格も違うし、体格も違うし、用具も違います。その中で、それぞれの個性を引き出す練習はとても重要です。卓球は「点取りゲーム」だということを強く意識すれば、選手それぞれ

点の取り方も違って当然、練習の内容も違って当然なのです。

野球で言えば、ホームランバッターもいれば、シングルヒットを積み重ねてチャンスのお膳立てをするタイプもいて、それぞれの持ち味があります。ホームランバッターならバットを少し重くして、遠くへ飛ばせるバットを使いますし、コツコツ当ててヒットを狙うなら、軽いバットや、グリップを短くするなどの工夫をするでしょう。練習法も、用具も変わってきます。

卓球も１００人の選手がいれば、１００の異なった点の取り方があります。細かく分けていくとキリがないのですが、私はそれを左の４つの戦型に大別して、その選手の目指すスタイルに合った練習を考えてきました。

Ａ型：パワー中心の両ハンド攻撃型
Ｂ型：ラリー中心の攻撃型
Ｃ型：異質ラバーを使う攻撃型
Ｄ型：カット中心の守備型

このようなスタイルの区分というのは、ある程度選手たちにも伝えています。基本の戦術が違うため、しっかりと土台になる部分を認識して、「この技は誰にも負けないくらいの武器だ」という意識を持ってもらいたいのです。学校の成績で言えば、5教科がオール3ではなく、ひとつでも5を取れる教科を作る。それを中心にして試合を組み立てていく。そういう考え方です。

新入生の時点では、選手たちはまだ自分の特長などを強く意識しているわけではありません。よく観察してみると、サービスから3球目攻撃の展開などで、自分の特長と3球目攻撃のコンビネーションがうまく噛み合っていない選手が多いのです。そこはしっかりした考え方を持たないと、試合と練習が食い違ってしまいます。自分が3球目攻撃で使いたい技術に即したサービスを出す必要があります。

大会で観察していると、同じチームの選手がみんな同じようなサービスを出しているケースもよく見られます。たとえばラリー型の選手が下回転系のサービスを出して、相手がツッツキレシーブをしてくると3球目・5球目で得意のラリーに持ち込めない。主戦となるサービス練習の時点から、設定が間違っているのです。

また、ドライブ型の選手なら、とにかくツッツキで返球させるためにサービス力を高め、3球目でドライブでの強打に結びつける必要があります。ところが相手にフリックされたり、長くなって打たれるようなサービスを出していて、うまくいかないと「今日は調子が悪い」ということになる。それは噛み合わないのが当たり前です。

重要なのは、自分の長所を発揮する「得点力」を磨く練習と、相手の長所を先に出された時の「対応力」を高める練習、このふたつの練習をセットで考えることです。経験が浅い選手のほとんどは、「自分の卓球をやろう」という意識しか働きません。自分の卓球というのは「得点力」ですから、それを伸ばそうという意識は良いのですが、実際の試合では、それだけでは勝てません。もうひとつの「対応力」も高めるべきではないか、というのが私の考えです。

「自分の卓球をやればいい」と言う人は多いですが、試合になれば相手は特長を封じようとしてくるわけですから、それだけを考えていると相手と噛み合わなくなり、先に述べたように「今日は調子が悪い」というほうに答えがいってしまいます。しかし、冷静に考えてみれば、試合はみんな勝ちたいわけで、お互い最後は弱点の攻め合いになります。「得点力」と並行して、「対応力」の練習にも必ず取り組んでいかなければなりません。

指導者も、ベンチコーチをしていて「なんで自分の卓球をもっとやらないんだ」という人がいますが、話がそこで終わってしまうと「なぜ自分の卓球ができないのか」を解決することができません。「動きが悪いから攻められないんだ」とか、精神的な部分に答えを求めたりすると、解決は難しくなります。

得点力を磨く練習と、対応力をつける練習。私はそれぞれの練習は、システム練習で行うのが良いと思います。たとえば対応力の練習として、「レシーブ＋4球目のブロック」があります。サービスを全面に出してもらい、レシーブはバックに返球、相手に3球目強打をバックに打ってもらって、そこをしっかりブロックする。そこからバック対バックのラリーをして、先にフォアで回り込むか、相手がフォアに大きく振ってからフリー、というシステム練習です。試合ではバック対バックのラリーが多いので、そこをシステム練習の中に落とし込んでいくのです。一球でのシステム練習と同じように、実戦でのラリー展開を想定して、多球練習で行うのも効果的です。

それでは、4つの戦型ごとにそれぞれの特徴と、得点力と対応力を磨く練習メニューを紹介していきましょう。

A型：パワー中心の両ハンド攻撃型

［A型の特徴］

フォアハンドやバックハンドのパワーボールを中心に得点するタイプです。男子では多くのトップ選手がこのタイプで、シェークハンドなら張本智和選手や馬龍選手（中国）、ペンホルダーなら吉田海偉選手が例として挙げられます。サービスから3球目、5球目でパワーボールを打ち込み、ラリーに持ち込むよりも先手を取ってパワーで打ち抜いていくスタイルです。

3球目攻撃、5球目攻撃でのパワフルな両ハンド攻撃が持ち味である張本智和選手（左）、馬龍選手（右）はA型に分類されるプレーヤー

［例］馬龍選手（中国）、張本智和選手、大島祐哉選手、吉田海偉選手

【A型が得点力を磨く練習】

A型は得点の中心が両ハンドのパワー攻撃ですが、現代卓球では張本選手のようにフォアハンドだけではなく、バックハンドでも決定打が打てるようになることが要求されます。サービスを出して、3球目・5球目でパワーボールで攻めていくタイプです。

このタイプはボールが入ればすごいのですが、凡ミスが多くなるリスクもあります。自分より格上に勝つ可能性もある一方で、ミスが多く出て格下に足元をすくわれることもあります。しかし、指導者があまりにミスを指摘しすぎると、持ち前のパワーが活かせなかったり、安定重視で打球点が落ちて、決定率が下がる可能性があります。フットワークや打球点の厳しさ、コースの厳しさは、ミスが出ても練習していかなければいけません。バックハンドにミスが多いと「フォアで回って打て」と言いたくなりますが、ある程度目をつぶって、長い目で見て成長を待つべきです。短期的に考えれば、フォアで回り込むほうが勝てるかもしれませんが、将来的にはバックハンドでも威力ある攻撃ができたほうが勝率は高くなるでしょう。

このA型に必要な技や動きは、スイングの速さだったり、瞬間的な判断力です。もちろんフットワークも、打球点を早くするために速く動くことが求められますし、連続で打つための戻りの早さや瞬発力も要求されます。

技術では、何と言ってもサービス力が欠かせません。サービスが良くないとうまくレシーブをされてしまって、3球目や5球目で持ち味のパワーが出せません。サービスのレベルアップは絶対条件のひとつです。今は回転量の多いサービスを持つ選手は多いですが、ショートサービスとロングサービス、あるいはサービスをフォアに出す時とバックに出す時で明らかにスイングが変わってしまって、極端に言えば出す前からサービスの種類やコースが読まれてしまう。サービスの質は高いのに相手に待たれて、レシーブから攻められるという状況が少なくありません。同じようなモーションからサービスの長短やコースを出し分けることが重要です。

たとえば十六銀行の松澤茉里奈選手などは、非常に長短・コースが読みにくいバックサービス

長短・コースが読みにくいバックサービスから、両ハンドのスピーディな攻撃を仕掛ける松澤茉里奈選手

を持っています。回転も右横回転と左横回転を使い分けるので、相手にしてみれば予測が絞りにくいサービスです。このようなサービスの訓練も、小さい頃からやっておくべきです。途中から身につけようとしても、なかなか身につくものではありません。

松澤選手はどちらかと言えばラリー重視、後述するB型に近い選手ですが、打球点が早く、威力もかなりあるので、A型とB型の中間に位置するタイプの選手と言えるでしょう。藤井寛子選手（08・10年世界選手権団体3位）のように、卓球台から距離を取り、やや打球点を遅くしたラリー重視のタイプとはやや異なります。サービスからのカウンター攻撃に優れた選手です。

［A型の得点練習メニューの例］

a　下回転系のショートサービスから3球目攻撃

①下回転系のショートサービス（コース指定）

②相手は全面にツッツキまたはストップレシーブ

③3球目はコース指定（技は自由）

④4球目以降はフリー

b　ロングサービスからの3球目攻撃

①相手のバックにロングサービス

（回転系またはドライブ性）

②相手は全面にバックドライブかフォアドライブ、またはバックショートでレシーブ

③両ハンドドライブかスマッシュで3球目攻撃

（コース指定）

④4球目以降はフリー

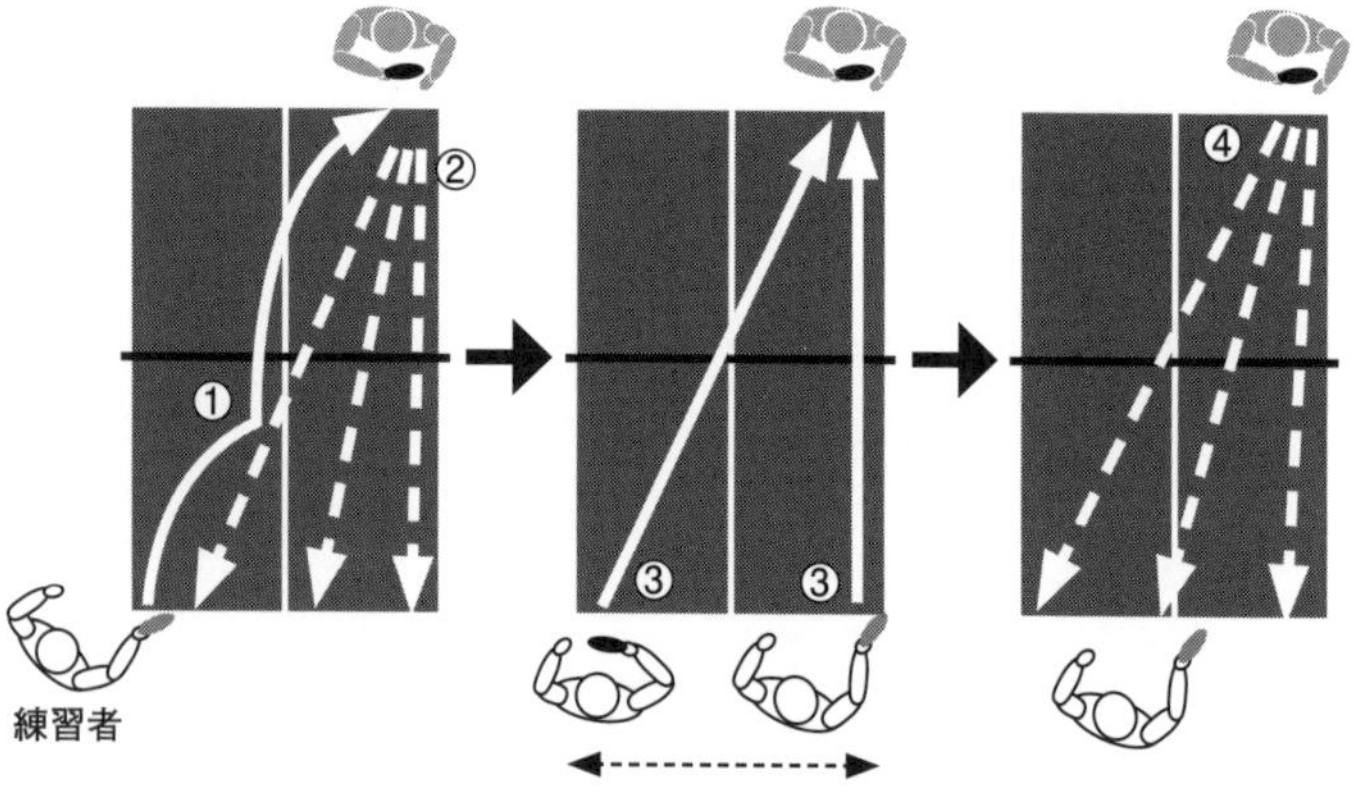

b ロングサービスからの3球目攻撃

相手のバックへのロングサービスから、両ハンドドライブかスマッシュで3球目攻撃（コース指定）。4球目以降はすべてフリー

c ハーフロングサービスからの3球目両ハンド攻撃

①ハーフロングサービス(台からワンバウンドで出るかどうかという長さのサービス・コース指定)
②相手は台から出たらドライブ、短ければツッツキ
③3球目両ハンド攻撃(コース指定)、あるいはツッツキで返球
④4球目以降はフリー

a・b・cともにひとつのテーマの中で2点、あるいは3点連続で取ったら、サービスを変えるか、あるいは3球目のコースを変え、得点パターンのバリエーションを広げることで、戦術の幅ができていきます。

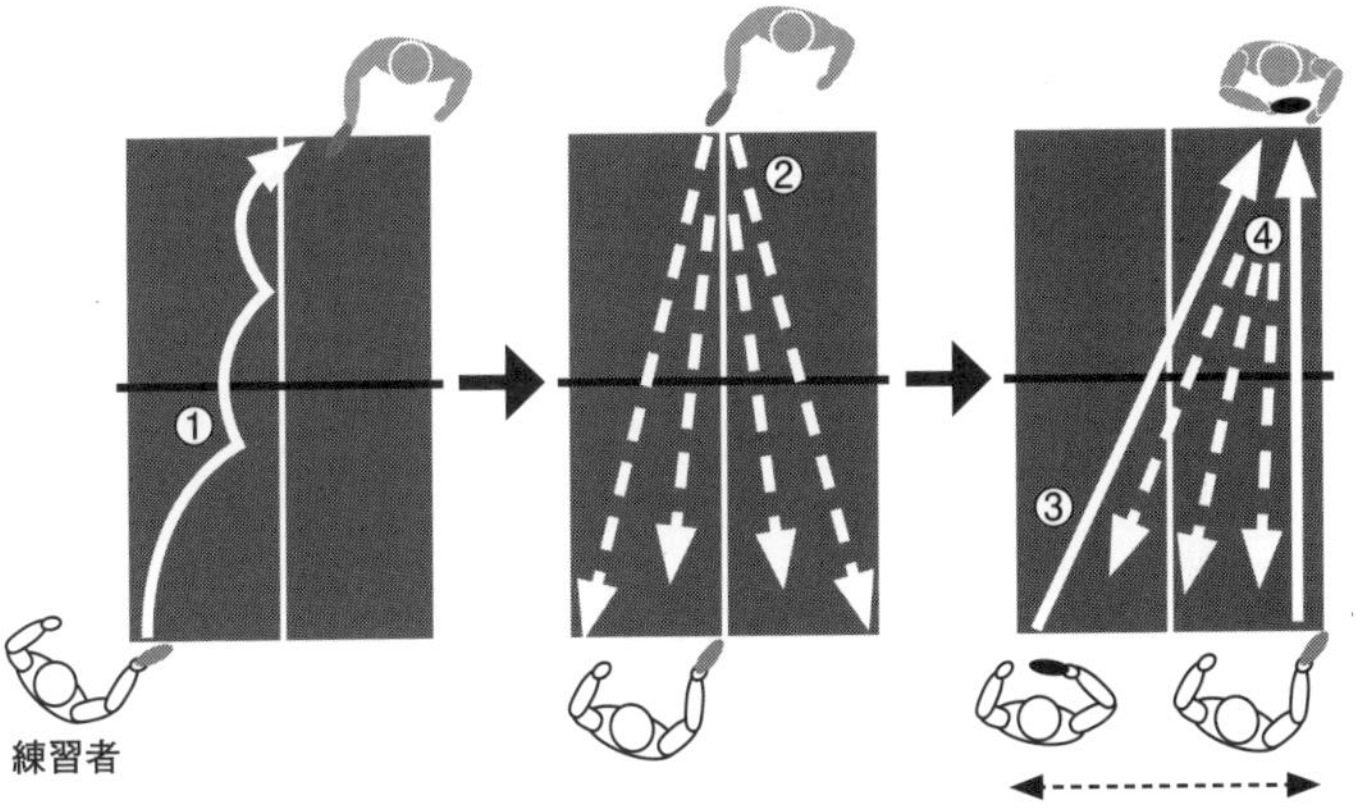

c ハーフロングサービスからの3球目両ハンド攻撃
ハーフロングサービスに対し、相手は台から出たらドライブ、短ければツッツキでレシーブ(②)。3球目での両ハンド攻撃(コース指定)から、4球目以降はすべてフリー

[A型が対応力を磨く練習]

対応力をつける練習は、いわば得点力を磨く練習の「裏返し」です。下回転系のショートサービスを出せば、レシーブはストップレシーブで短く返ってくるか、ハーフロングのツッツキが多くなるので強打が難しく、その対応力が必要になります。ツッツキレシーブでフォアに大きく振られて、一発は打てるけれどもバックサイドにブロックされ、5球目の打球が苦しくなるパターンも考えられます。相手のサービスがショートサービスが中心で、対応力が低いと相手のペースになることが多くなり、苦しい展開になるでしょう。3球目も相手のストップレシーブがうまいと強いドライブは打てません。得点力と併せて対応力の練習も行う必要があります。

また、特にペンホルダーの選手は、バック前へのサービスに対してレシーブが難しくなります。ここでチャンスを作れるレシーブや台上プレー、そしてフォアに大きく飛びついた後のバックハンド、また前陣でのバック対バックのレベルがあまりに低いと、バッククロスの速い打ち合いで不利になるので、練習しておく必要があるでしょう。

[A型の対応練習メニューの例]

a　フォア前のレシーブからバックに攻撃された時の対応練習

①相手がフォア前にショートサービス
②バックにツッツキでレシーブ
③相手はバックハンド、またはフォアハンドでバックに強打
④4球目バックハンドで対応（主にブロック）
⑤4球目以降はフリー

A型の選手に対しては、相手は先に攻撃を仕掛けてくるので、4球目のブロックでの対応が必要となる。

b　バック側を中心に攻められた時の対応練習

①相手がバックかミドルにロングの変化サービス
②レシーブ・コース指定
③3球目で相手がオールに強打
④4球目でブロック（コース指定・特にバックブロックの強化）

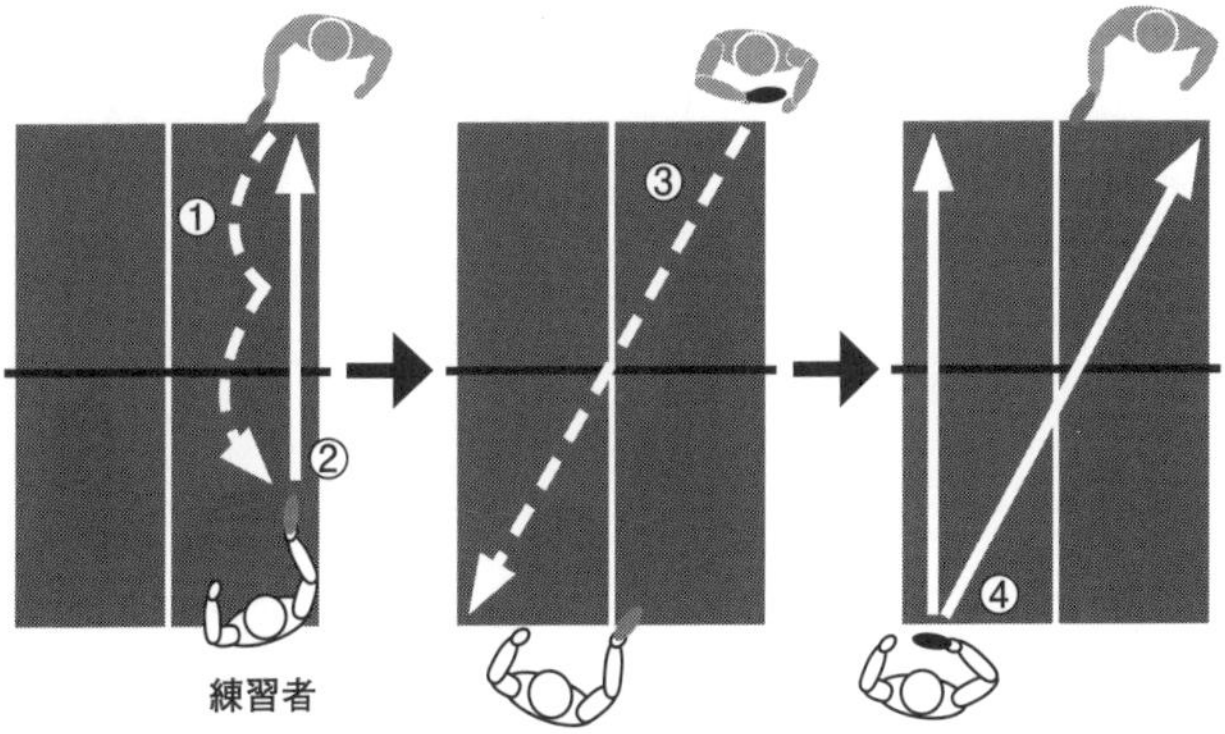

a フォア前のレシーブからバックに攻撃された時の対応練習

フォア前のショートサービスをバックにツッツキレシーブ。相手は両ハンドで練習者のバックに強打し、4球目バックハンド（主にブロック）で対応したら5球目以降はフリー

⑤5球目以降はフリー。ラリー中にバックに来たボールは積極的にフォアで回り込む

c　フォアに大きく動かされた後のラリーでの対応練習

①下回転系のショートサービス（コース指定）
②相手がフォアサイド深くにツッツキレシーブ
③フォア側に大きく動いて、相手のバックにドライブ
④相手はバックかミドルにブロックで返球
⑤バックハンドで対応（コース指定）
⑥6球目以降はフリー

B型：ラリー中心の攻撃型

［B型の特徴］

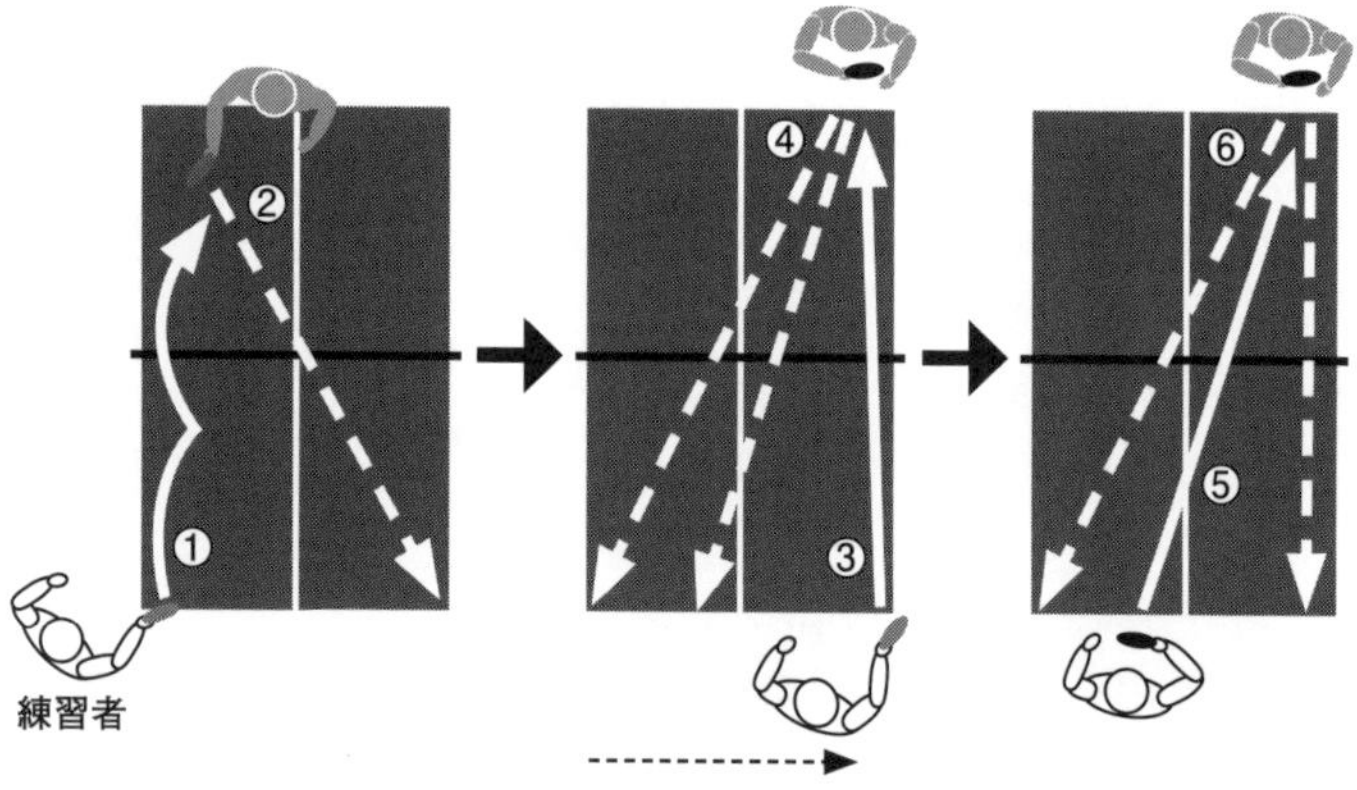

c フォアに大きく動かされた後のラリーでの対応練習

フォアサイド深くへのツッツキレシーブを、大きく動いて相手のバックにドライブ。すばやく戻ってバックハンドで対応し（コース指定）、6球目以降はフリー

前進回転のラリーに持ち込み、ラリーの安定性や球質の変化、ブロックやカウンターで得点を狙うスタイルです。女子に比較的多いタイプで、ラリー中に前に浅く落としたりする前後の揺さぶりも特長です。自分から得点を狙う戦術は少なく、相手のミスを誘うことが主な得点源。相手の動きを観察し、クセや特徴をつかみながら、逆を突いたり、裏をかいて得点する能力が求められます。

レシーブから4球目では、相手に全力で打たれたボールをブロックするのは非常に難しいので、まず全力で打たれないようなレシーブが重要になります。ツッツキであればコースの厳しさや、早い打球点の攻撃的ツッツキが必要です。そしてブロックもカウンターだけでなく、サイドスピンを入れたり、ミドルを攻められた時には相手のフォアへ逃げていくようなワイパースイングのブロックで連続攻撃を防ぎます。ブロックの技の種類、安定性もB型には非常に重要です。

当然、このタイプは凡ミスが多かったら話になりません。相手の球質の変化、緩急をつけた攻めにあわてずに対応し、安定性を追求し、5本打たれたら6本返す、6本打たれたら7本返すくらいの意識を持ちましょう。攻撃的なA型の凡ミスと、安定重視のB型の凡ミスの意味するところは違うのです。

[例] 松平健太選手、岸川聖也選手、平野早矢香選手・藤井寛子選手（現在は引退）

[B型が得点力を磨く練習]

B型は両ハンドラリーの安定性、バランスとコンビネーションが必要なスタイルです。シェークの攻撃型が多い中、バックハンドがうまい選手は増えていますが、従来に比べると基本のスタンスが広く、平行足に近くなり、フォアハンドの威力が落ち、フォアへの飛びつきのフットワークができない選手が多くなっています。

また、B型の選手はA型の選手に比べ、下回転を強打するのはあまり得意ではない傾向があります。得意とする前進回転のラリーに持ち込むためには、相手にツッツキではなく軽く払わせたり、前進回転のフリックをさせるようなサービスが求められます。この点が理解できず、B型なのに下回転のサービスを多く出している選手がかなりいます。サービスはアップ系やナックル系、ロングサービスなど、相手に下回転でレシーブさせない、3球目で自分のスタイルに引き込みやすいサービスを考えるべきでしょう。

ドライブ性のロングサービスなども、相手も強い回転をかけて返球できないので、このB型にとっては時代を越えて有効なサービスのひとつです。プラスチックボールになってミート系の技術がやりやすくなったので、ドライブ性のロングサービスからバックプッシュで狙うなどの戦術を考えることができます。

どの戦型にも言えることですが、レシーブを3球目で強打されてしまうと返球は難しく、ラ

前進回転のラリーに持ち込み、安定した両ハンドのブロックとカウンターで得点を重ねるB型。岸川聖也選手（左）や松平健太選手（右）がその代表だ

リー重視のB型も避けたい展開です。ストップレシーブや、ツッッツキでもサイドスピンを入れるなどして強打を避ける工夫が必要でしょう。

そしてB型のレシーブはツッツキのレベルアップが重要なポイント。打球点が早い攻撃的なツッツキやサイドスピンをかけたツッツキなど、ツッツキにもタイミングや球質の変化を加え、レベルを高めたいものです。先手を取るよりも、先手を取らせて得点する展開が増えてきますが、ツッツキがあまくて先にフルスイングされてしまうと、展開を逆転することは難しくなります。速くて深いツッツキで、相手に60％くらいのパワーでしか打たせない。あるいはフォアに早いタイミングでレシーブして、相手が打球点を落として返してきたところを空いたバックにブロックして有利な展開を作ります。

また、勝負所でバックに深いロングサービスを出して、バックに返球されたボールを回り込んでフォアハンドで攻めるなど、勝負所で一本取れる戦術が必要でしょう。加えて、このＢ型で重要な技術はカウンターブロックです。相手の回転や球威を利用して打つカウンター攻撃はどのスタイルにも必要ですが、Ｂ型は特にカウンターでストレートコースに攻めることで優位性は高まります。

［Ｂ型の得点練習メニューの例］

a　上回転系ショートサービスをフリックさせて両ハンド攻撃

①上回転系のショートサービス（コース指定）
②相手はフリック中心に全面にレシーブ
③3球目で両ハンド攻撃・コース指定
④4球目以降はフリー

相手のフリックレシーブを両ハンドで待って攻撃し、4球目以降は全面フリーで展開を作る練習。フリックレシーブのコースを予測し、確実に両ハンドで対応できるかどうかがポイント。

b　ロングサービスから両ハンド攻撃

①ロングサービス（コース指定）
②相手はドライブ等で全面にレシーブ
③3球目で両ハンド攻撃（コース指定）
④4球目以降はフリー

c　ナックルサービスから両ハンド攻撃

①ナックルのショートサービス（コース指定）
②相手はフリック・流し・ツッツキなどで全面にレシーブ
③3球目で両ハンド攻撃（コース指定）
④4球目以降はフリー

d　ハーフロングサービスからカウンター

①ハーフロングサービス（コース指定）
②相手は打球点を落としてループドライブか

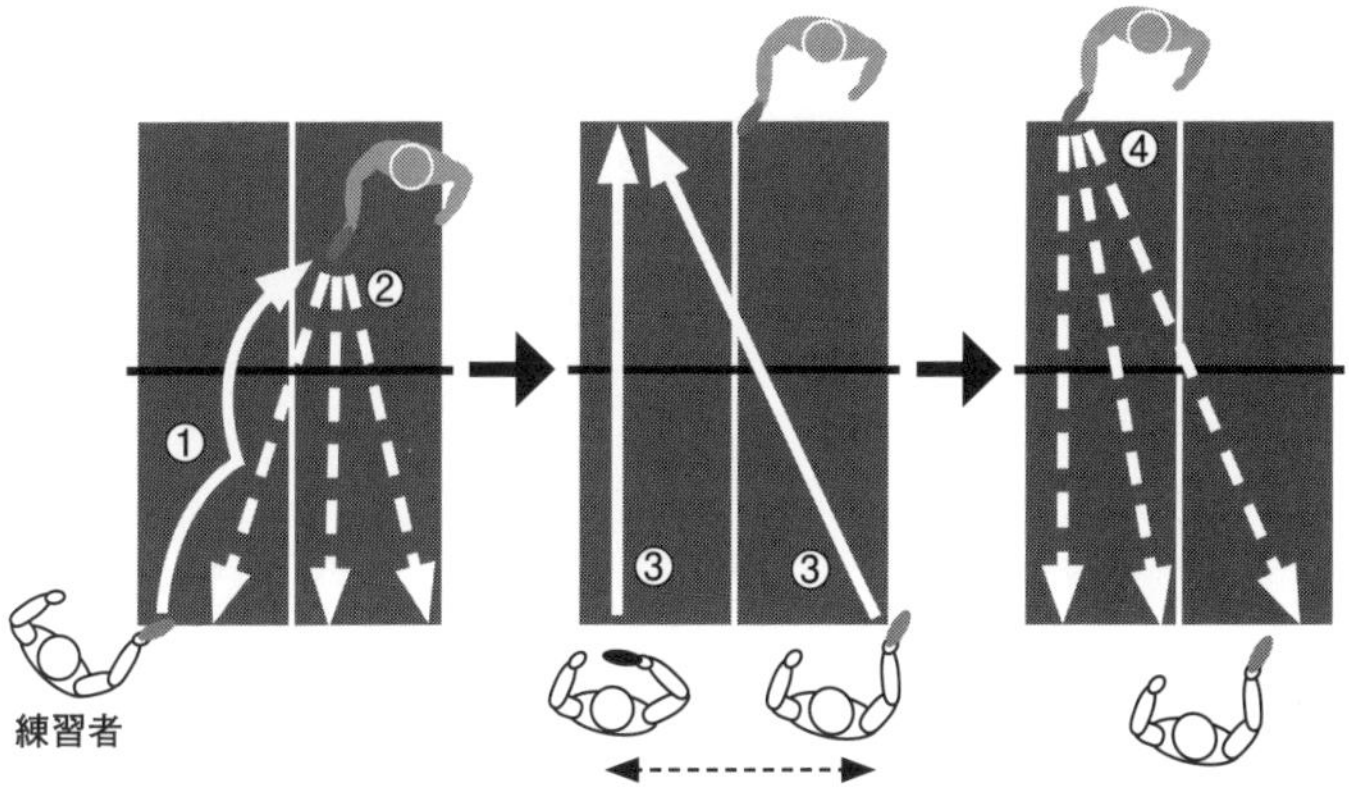

a 上回転系ショートサービスをフリックさせて両ハンド攻撃

コース指定で上回転系のショートサービスを出し、相手の全面へのフリックレシーブを両ハンド攻撃（コース指定）。4球目以降はフリーにして有利な展開を作る

ツッツキ、フリックで全面にレシーブ

③3球目で両ハンドカウンター攻撃、あるいはスマッシュ（コース指定）

④4球目以降はフリー

［B型が対応力を磨く練習］

B型の選手と対戦した時、相手はなるべくラリーにさせたくないので、サービスから3球目攻撃でミドルなどを強く攻めてきます。ですからレシーブがとても重要になります。どのコースに、どのような回転のサービスを出されても多彩な技術で打ち分け、相手の3球目攻撃の予測を外すことが求められます。

たとえばフォア前に来るサービスにはいろいろな技術でレシーブできたとしても、相手は次第に

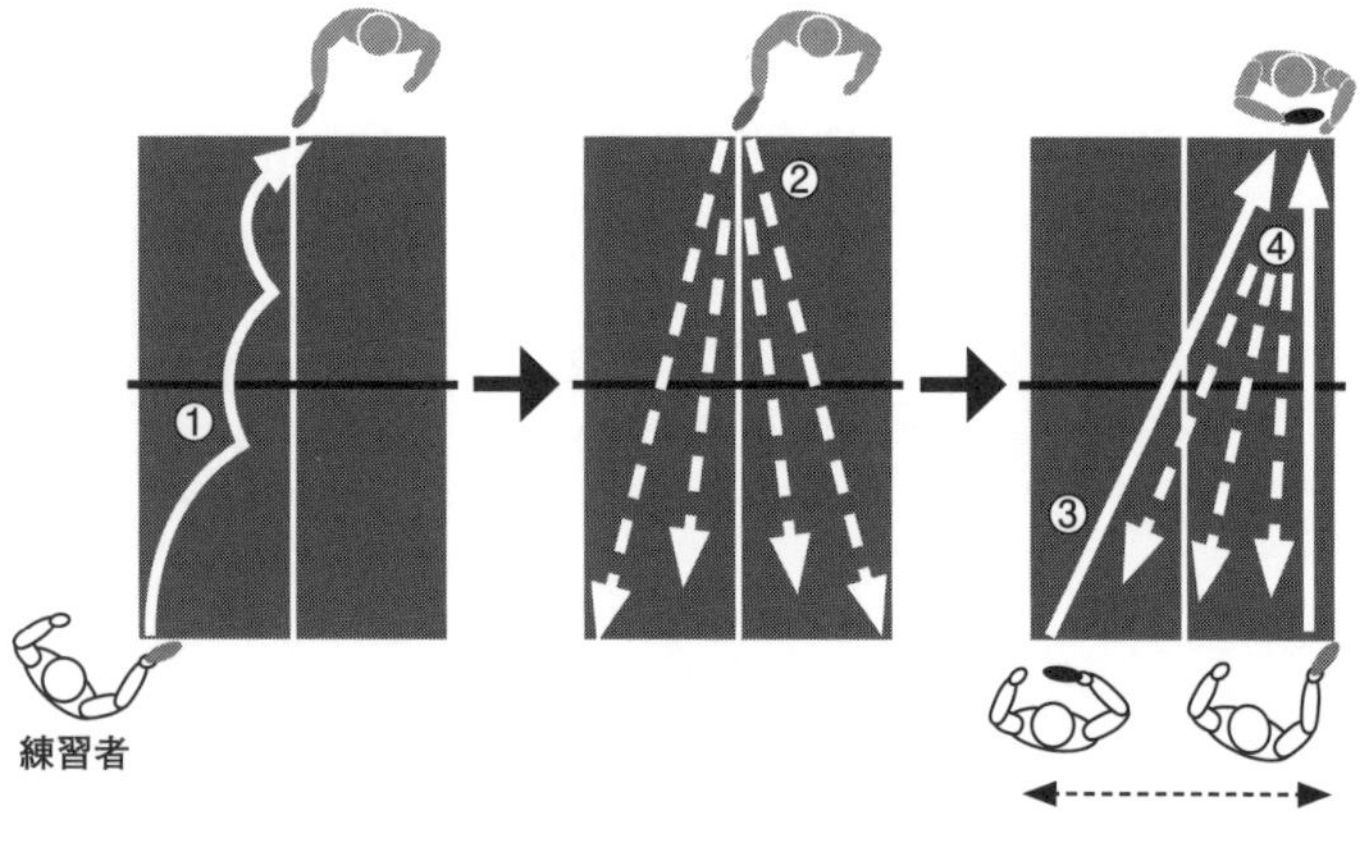

d ハーフロングサービスからカウンター

ハーフロングサービスに対し、相手はループドライブかツッツキ・フリックで全面にレシーブ。3球目のカウンター・スマッシュで狙い打ち（コース指定）、4球目以降はフリー

前に落とすブロックやサイドスピンを入れたブロックなど、ブロックの球質に巧みな変化をつけ、相手のミスを誘う松平健太選手

フォア前を避けて、技の種類の少ないコースを探すようになります。バック前、あるいはミドルにサービスを出されるとレシーブの技術が少ない、あるいはひとつのコースしか打てないようでは、相手にそこを待たれ、3球目攻撃で狙われてしまいます。最初のうちは良くても、次第にレシーブを相手に狙い打ちされ、2−2の最終ゲームに入った時にやることがなくなってしまうわけです。

また、B型の選手は正確なブロック力がないと、ラリーに持ち込むことができません。ブロックもただ入れるだけの安全第一のブロックではなく、ミドルに来るドライブにはサイドスピンを入れたり、相手のドライブがあまかったらカウンターやプッシュで攻めるなど、多彩なテクニックが必要です。

特にB型の選手に勧めたいブロックのテクニッ

クは、バックのカットブロックです。このブロックは右利きであればボールの左側をとらえ、強い横回転を加えるブロックです。バックハンドだけでなく、フォアハンドでもボールの右側をとらえ、サイドスピンをかけて浅く落とすのです。前に止められるだけでなく、曲がりながら入るので、相手は連続強打が難しくなり、つないで来たところを狙って攻めていきます。試合で使うには勇気のいる技術ですが、得点を取るため、相手の特長を封じるためにも必要な技術です。新しい技術を取り入れてブロックからの得点力のある選手になってほしいと思います。

練習相手には単調な攻撃だけでなく、ドライブの回転量に強弱をつけてもらったり、スピードの緩急などの変化をつけてもらいましょう。

また、B型の選手はミドルが弱点になるので、そこを連続で攻めてもらい、対応する練習が必要です。たとえばミドル前にサービスを出され、レシーブをバックに返した後、相手が3球目でまたミドルやフォアに攻めてくるというパターンです。A型の場合はミドルに来たボールはフォアハンドで狙っていきますが、B型はミドルを連続で突かれると判断と対応が難しくなります。

逆に自分から相手のミドルを攻撃した場合は、相手がフォアで取った場合はフォアサイドへ、バックで取った場合はバックサイドへの返球の確率が高くなります(ともに右利きの場合)。ミドルをフォアとバック、どちらで取るかで5球目の待ちが変わってくるということを、頭に入れておきましょう。

［B型の対応練習メニューの例］

a　ミドル前のレシーブから4球目ブロック

①相手がミドル前に横下回転のショートサービス
②レシーブ（コース指定・技術は自由）
③相手が3球目で全面に強打、コースは指定してもよい（ミドルが中心／技術は自由）
④4球目ブロック（コース指定）
⑤5球目以降はフリー

サービスからミドル、さらに2回連続でミドルを突かれた時の対応練習。

b　フォア前レシーブから4球目ブロック

①相手がフォア前に下回転系サービス
②相手のフォアにツッツキでレシーブ（バックに返球してもよい）
③フォアハンドで全面に緩急をつけて攻撃（ツッツキでの返球も混ぜる）
④両ハンドでのブロックで対応、相手がツッツキしてきた場合はドライブで攻撃（コース指定）
⑤5球目以降はフリー

攻撃もブロックも球質と緩急に変化をつけていく。ブロック側のカウンターや攻撃からフリーにしても良い。

c　レシーブ＋4球目の2球練習

①相手がコース指定（2カ所くらい）でサービス
②レシーブ（コース指定・技は自由）
③相手が3球目で強打
④強打を正確にブロック

4球目まででラリーを止めるが、サービス＋3球目、レシーブ＋4球目とも最高の集中力で行うことが重要。サービスはフォア前とバック深くなど、ある程度コースを指定。レシーブはコースを決め、3球目の強打を正確にブロックで返球する。相手がラリーに持ち込ませないよう、3球目での速攻で勝負を懸けてきた時の対応練習。

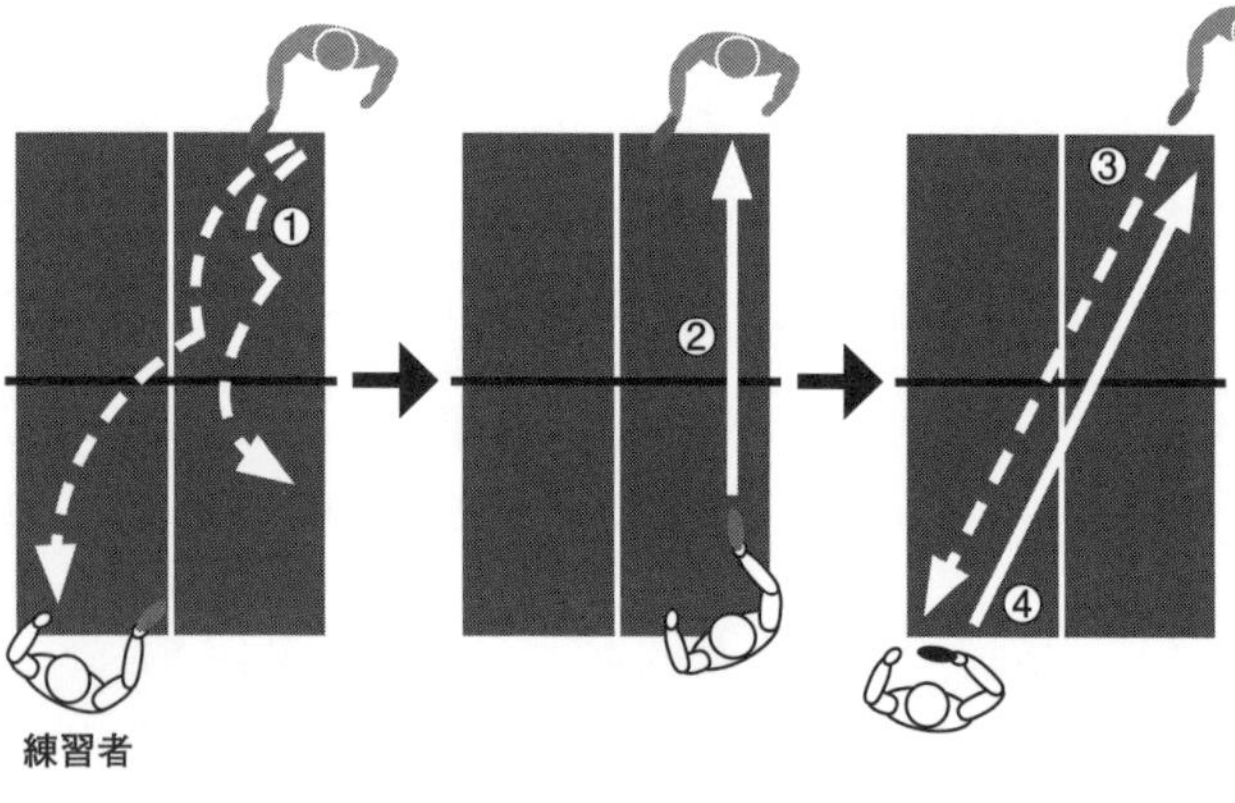

c レシーブ+4球目の2球練習
レシーブは技は自由だがコースを決め、相手の3球目の強打を正確にブロック（④）。相手の3球目速攻に対応する練習で、それぞれ2球ずつ打球したらラリーを止める

d　フォアへの深いツッツキレシーブの対応練習

①下回転系のショートサービス（コース指定）
②相手はフォアへ深くツッツキレシーブ
③３球目でフォアハンド攻撃（コース指定）
④相手は全面にブロック、以降フリー

あまりパワーのないＢ型の選手が、フォアへの深いツッツキでレシーブされた場合の対応練習。相手の４球目ブロックのコースはフリーで良いが、Ｂ型の選手は平行足でプレーする選手が多く、フォアに揺さぶられた後に連続でフォアを突かれたり、バックに大きく揺さぶられると返球があまくなりやすい。この時の対応を強化しておく必要がある。

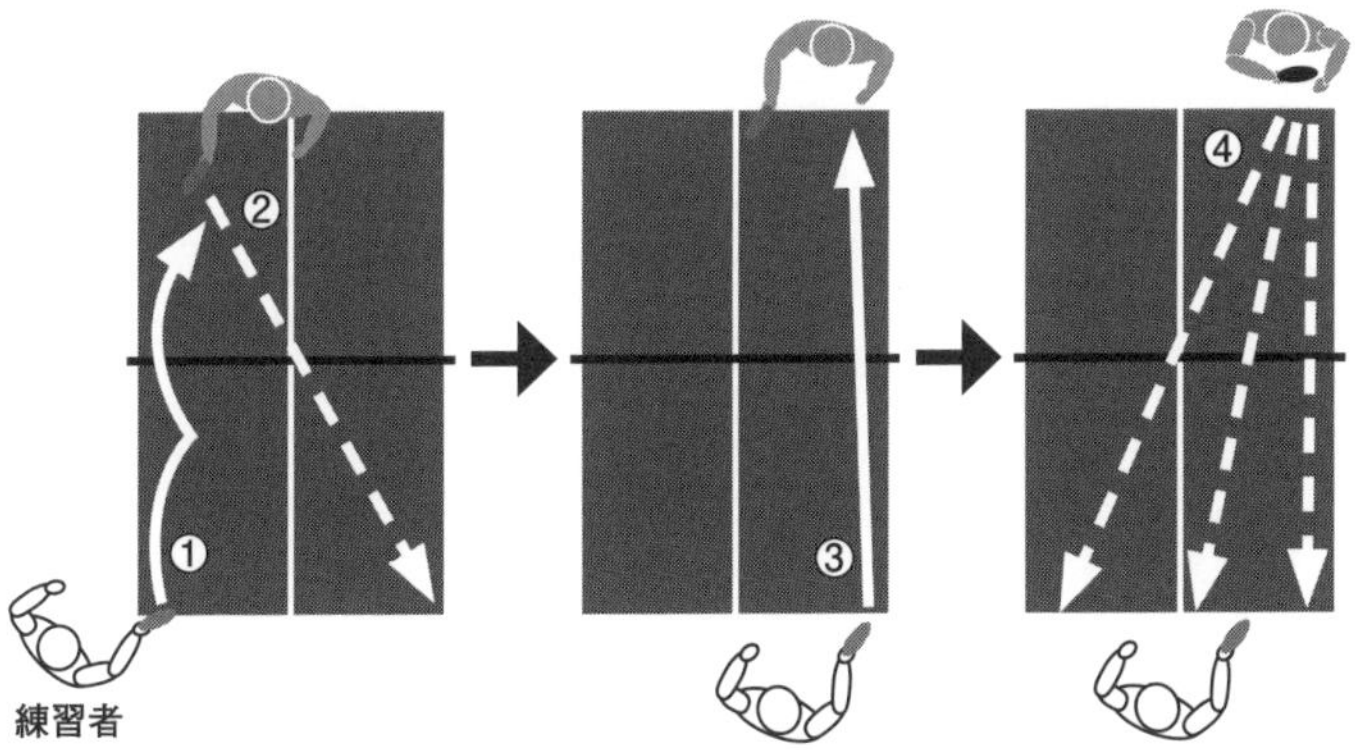

d フォアへの深いツッツキレシーブの対応練習

フォアへの深いツッツキ（②）を打たされてからの対応練習。相手のブロックで連続でフォアを突かれたり、バックに揺さぶられた場合の対応に特に注意する

C型：異質ラバーを使う攻撃型

［C型の特徴］

片面に裏ソフト、片面に表ソフトや粒高を使用し、打球点の早さ、球質の変化、緩急でラリーを組み立て、パワーよりもやりにくさで得点していく戦型。A型はパワー、B型は安定性が特徴だとすれば、C型の特徴は「打球点の早さ」と「やりにくさ」です。また、異質ラバーの選手は台から下げられてしまうと不利になるので、前陣で打球点の早いプレーをするためには反応の速さや合理的な動きが要求されます。

戦術として大切なふたつのポイントは前後の揺さぶりと、バック面でチャンスを作ってフォア面で強打するパターンです。そのため、バック面の技術は多彩かつ安定している必要があります。たとえば福原愛選手が対ドライブで使う、バック面表ソフトのストップ性ショートや、ナックル性のブロックはとても効果的です。普段、裏ソフトの選手とばかり練習している選手には、ナックルの球質は特に有効でしょう。

伊藤美誠選手の武器であるバック面の表ソフトでのドライブも、相手にとって意外に打ちにくいボールです。回転量が読みにくく、回転が少ないと思ったら、ブロックがオーバーミスになったりする。打球点も早く、非常に打ちにくいボールになります。C型は細かな技術で相手にプレッ

片面に裏ソフト、片面に表ソフトや粒高を使用するＣ型。福原愛選手（右）はナックル系のボールを駆使し、伊藤美誠選手（左）はバックドライブが得意

シャーを与え、相手が安全に入れてきたボールはフォアハンドで決定打を打ちます。

そして異質の選手が今後追求していくべき技術のひとつが、フォア面とバック面を反転させる「反転技術」です。私が指導していたサンリツの平侑里香という選手がいますが、特にダブルスのレシーブでフォア面を表ソフトに反転させるプレーをテストしていました。やりにくさを追求するＣ型は、ほんの少しでも相手に「アレッ？」と思わせて判断を遅らせたり、迷わせるプレーが必要です。

安定志向のＢ型でプレーしていても、なかなか結果が出ない、あるいは運動神経などの能力の問題でなかなか芽が出ない選手は、Ｃ型にモデルチェンジすることも考えられます。Ｃ型からＢ型への移行も考えられますが、その選手が本質的にどのタイプに合っているかは、指導者が早めに見極めてあげたいポイントです。

［例］福原愛選手、伊藤美誠選手、前田美優選手

［C型が得点力を磨く練習］

このタイプに必要なことは打球点の早さと技の種類です。打球点を早くするためには、反応や動きを速くして前陣でプレーすること。また、技の種類が少ないと、当然相手に慣れられたり、狙うボールを絞られます。特にブロックでの技の種類を増やさないと、試合を進めるうえで苦しくなるので、前後に揺さぶるブロックがあると有効です。そしてバック面の異質ラバーには、チャンスを作る役割と同時に、ミートでの弾き打つ強打などの技で、直線的な打球によって得点力を高めることが求められます。

ツッツキの技術については、反転を使って裏ソフトと表ソフトのツッツキを使い分けられれば武器になるでしょう。サービス時の反転をする選手はよくいますが、レシーブ、あるいはフォアのスマッシュなどでも反転技術は有効です。たとえば対カット攻略などで、表ソフト面と裏ソフト面の両面でストップやスマッシュができれば非常に効果的になるでしょう。

「それは難しい」と思ってしまったら、技術はなかなか身につきません。少しでも得点につながる技術があれば、積極的に挑戦していくべきです。

過去の選手で反転に取り組ませたのは、08年北京五輪代表の福岡春菜選手です。北京五輪で平野早矢香選手とダブルスを組んで、韓国のカットペア対策をしていた時、安定性の高い平野のドライブだけではなかなか得点につながらない。平野が攻め込んで高く浮いたカット性ボールを、福岡はなかなかフォアでスマッシュできないので、バックの粒高面でつないでまたラリーになってしまうという課題がありました。

そこで福岡にはラケットを反転させて、粒高面でフォアハンドスマッシュを打つよう指導しました。難しいテクニックですが、入れば得点になるケースは多かったのです。また、反転させない場合でも、福原選手や伊藤選手はフォア前へのサービスに対してバック面でレシーブするなど、いろいろ工夫をしています。

サービスからの3球目は、相手にツッツキをさせてから打つか、相手に打たせてからラリーに持ち込むか、どちらのパターンもあると良いでしょう。C型はバックでチャンスを作る展開が多いので、バックに返させるサービスが有効です。たとえばフォアの巻き込みサービスのように、左横回転のサービスを出すのがセオリーです。フォアの右横下回転サービスだとレシーブでフォア側に厳しくツッツキでレシーブされやすく、そのあとバックを攻められるのは一番避けたいパターン。台から下げられてしまう可能性もあり、自分のプレー領域を守って戦うことができるサービスを出すべきでしょう。

［C型の得点練習メニューの例］

a　3球目両ハンド攻撃でのチャンスメイク

①左横下回転系のショートサービス（コース指定）

②ツッツキ・ストップで全面にレシーブ

③3球目で両ハンド攻撃（コース指定）

④4球目以降はフリー

たとえば3球目バックハンドをバックサイドを切る厳しいコースに打ち、4球目でバックに返球されるのを予測して、5球目で回り込んでフォアハンドで相手のフォアへカウンター。3球目でコースの厳しさや打球タイミングの早さでチャンスを作り、相手の4球目のコースを限定させて有利な展開に持ち込む。

b　ロングサービスからの展開

①バックへ右横下回転のロングサービス

②相手はバックドライブで全面にレシーブ

③3球目で両ハンド攻撃（コース指定）

④4球目以降はフリー

厳しいコースへ右横下回転のロングサービスを出せば、相手のバックドライブはコースはフリーでも、バッククロスへの返球が多くなる。それをバック面の表ソフトで早いタイミングでバックストレートに攻め、相手をフォアへ大きく揺さぶって5球目はオールフォアで狙い打つ。あるいは5球目で前に落とすストップ性のブロックを使って、相手を前後に揺さぶり、チャンスボールを作り、フォアハンドで攻めていく。

c　反転してバックハンドサービスからの展開

①反転してバック面の裏ソフトで上回転系のショートサービス（コース指定）

②相手はフリックや流しで全面にレシーブ

③3球目で両ハンド攻撃（コース指定）

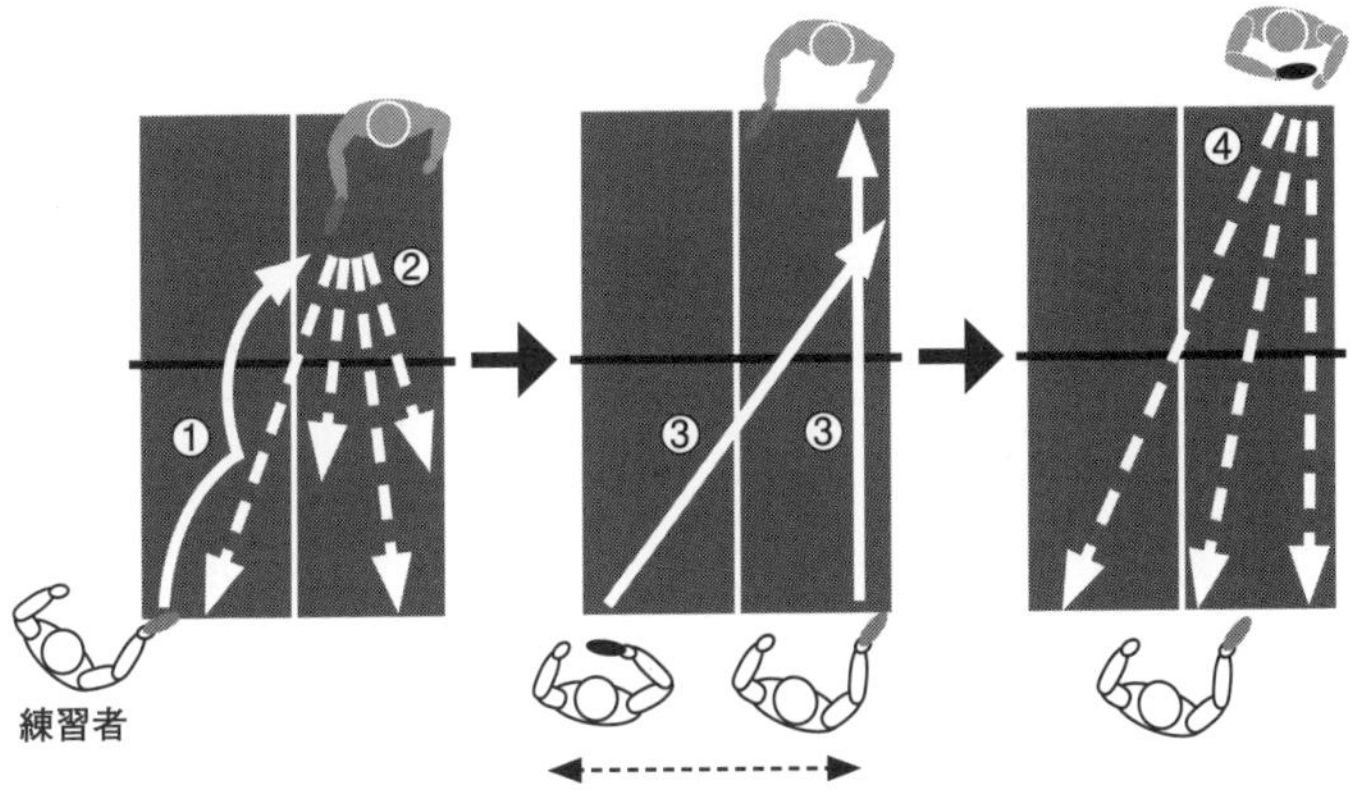

a 3球目両ハンド攻撃でのチャンスメイク

球種とコース指定のサービスをツッツキ・ストップで全面にレシーブしてもらい、3球目で両ハンド攻撃。コースの厳しさや打球タイミングの早さでチャンスを作る

④ ４球目以降はフリー

得点パターンを作るのと同時に、異質ラバーの特徴を出せる「反転」という技術についての意識を高めるのが目的のひとつ。レシーブ時もバック面を裏ソフトに反転させ、バックに長く出されたサービスをバックドライブで狙うくらいまで意識を高めたい。

[C型が対応力を磨く練習]

対応練習としては、C型の選手はバックサイドにナックル性、あるいは右横下回転のロングサービスを集められるケースが多くあります。ナックルなどの変化の少ないロングサービスを出されると、レシーブに変化がつけにくく、しかも長いレシーブになってしまうので、3球目で強打されやすくなります。さらに回転量の多いロング

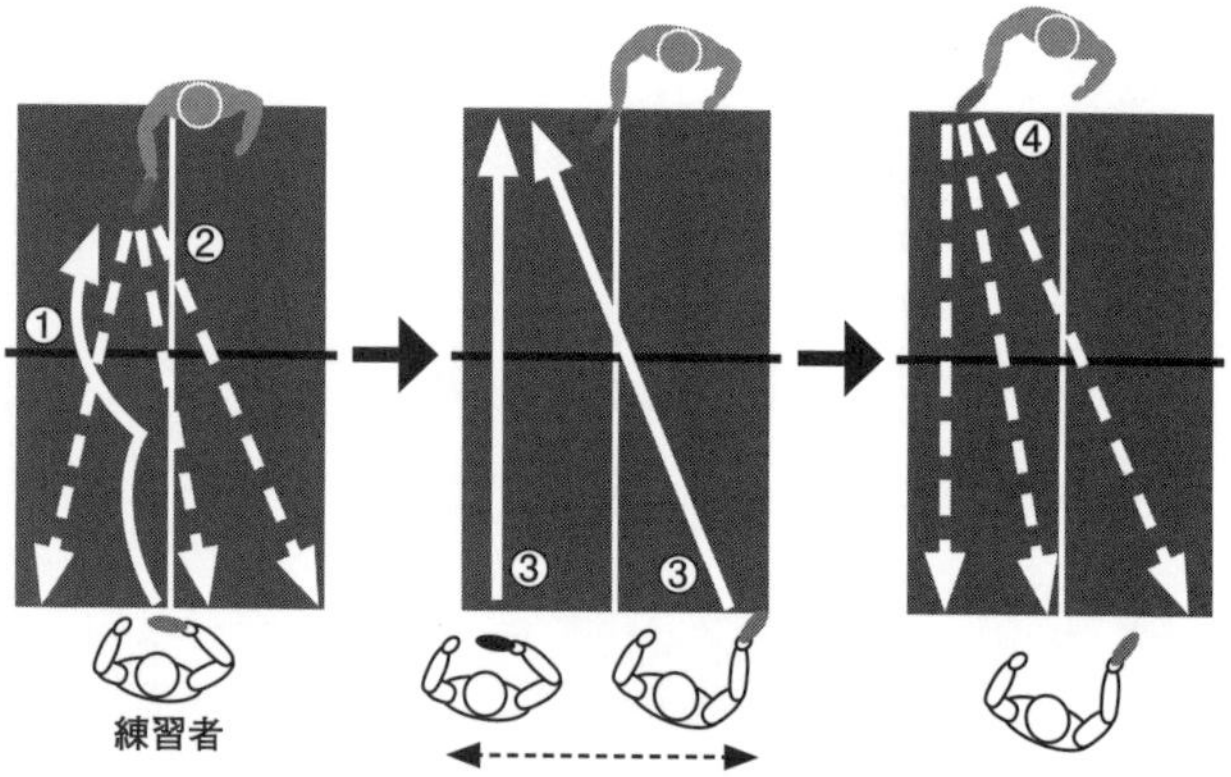

c 反転してバックハンドサービスからの展開

反転して裏ソフトでバックサービスを出し、全面へのフリックや流しレシーブを3球目で両ハンド攻撃。反転技術についての意識を高めるのも目的のひとつ

サービスをバックに出された時、どのようなレシーブをするかが課題となります。

バック粒高の福岡春菜選手に練習させたのは、粒高面でのレシーブ力を高める一方、反転して裏ソフトでバックドライブやツッツキ、あるいはロングサービスを予測して回り込んでフォアハンドで強打するなど、少しでも厳しいコースを突いてレシーブするよう意識を高めさせました。3球目で相手に強打させないためにも、レシーブには高い意識を持って臨む必要があります。

ラリー戦の中でもバックにボールを集められ、緩急をつけられてミスが出たり、あまくなったボールを強打されるケースがあります。緩急をつけられ、弧線の高いボールが来た時はフォアで狙ったり、あるいは反転して裏ソフトで強打するのも良いでしょう。また、粒高などの変化が苦手な選手は、逆にフォアサイドにボールを集めてくるので、フォア側へのボールをバックの粒高面で返球するような対応練習も必要です。

相手が少し台から距離を取り、異質でのボールの変化が小さくなったところをつないで打ってくるケースもあります。その場合、回り込んでフォアで打っていくのですが、相手は距離を取って待っているので、フォアにカウンターされる危険性もあります。前陣でプレーするので、ミドル攻めへの対応も欠かせません。

裏ソフトラバーが高性能になり、回転量が多くなるにつれて、球離れが早い表ソフトなどでのブロックはコントロールが非常に難しくなっているのが、このC型の現状です。多くの異質型のチャンピオンを輩出してきた中国でさえ、最近では異質型の選手は非常に少なくなっています。

しかし、中国で異質型が減っているというのは、逆に考えれば異質への対応力が下がるということでもあります。前進回転のボールをうまく処理してナックルを混ぜたり、前後の揺さぶりを混ぜられれば、チャンスはあるでしょう。パワーのある中国選手と強打対強打で戦うのではなく、別の部分で中国に対抗するのです。用具と技術、戦術については、どういう技を使えば相手がやりにくいか、得点できるか、戦略を考える必要があります。

[C型の対応練習メニューの例]

a バックに深くロングサービスを出された時の対応練習

①相手がバック深くへロングサービス

②バックハンドで返球（コース指定 ※反転も取り入れる）

③相手は3球目でバックを中心に全面に返球、強打も混ぜる

④4球目（コース指定）

⑤5球目以降はフリー

バックに深く変化サービスやナックルサービスを出された時の対応、バックハンドでのレシー

ブを強化する練習。コースを変えるだけでなく、球質も変化させていくためには、反転してバックドライブでレシーブするなど反転の技術も生かしたい。

b　両サイドに大きく揺さぶられた時の対応練習

①相手が両サイドへロングサービス
②両ハンドでレシーブ（コース指定）
③サービスとは逆のサイド、あるいは同じサイドへ3球目攻撃
④両ハンドでのブロックで対応

前陣でプレーするC型の課題、左右に大きく揺さぶられる展開への対応練習。フォアサイドへのロングサービスから3球目で空いたバックを突かれる、あるいは3球目でもう一度フォアを突かれて上体が浮いてしまうケースがある。相手に3

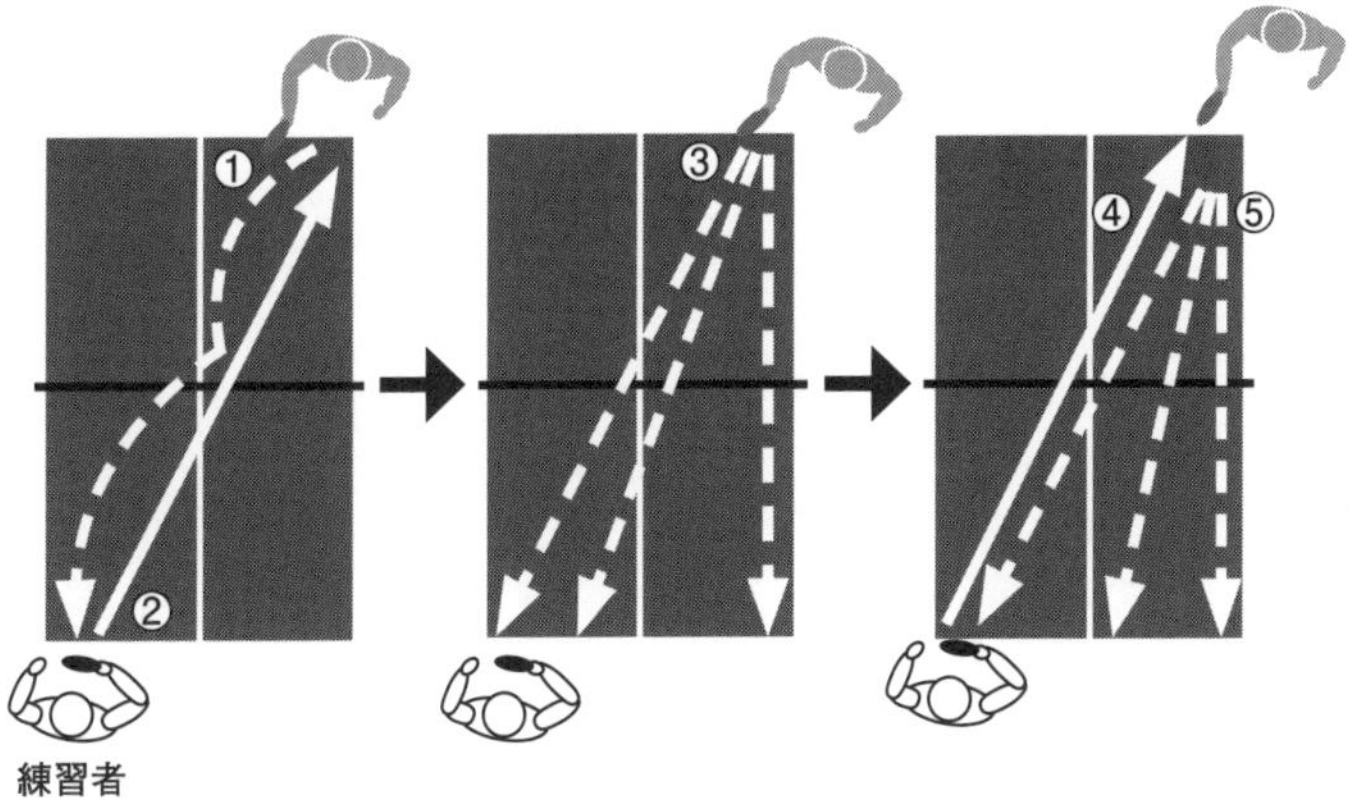

a バックに深くロングサービスを出された時の対応練習
異質型の攻略法の定石である、バック深くへのロングサービス（①）への対応練習。反転してバックドライブでレシーブするなど、反転の技術も生かしたい

球目で強打された場合は、変化はなくても確実に入れられるブロックも必要。

C　フォア攻めやミドル攻撃への対応練習

①相手がフォア前へ上回転系サービス

②フォアフリックやバック面の表ソフトでレシーブ（コース指定）

③3球目で相手は主にフォアサイドへ攻撃、あるいは両サイドへの揺さぶりからミドル攻め

表ソフトや粒高ラバーの変化を嫌う選手が、フォア側やミドルにボールを集めてきた時の対応練習。サービス・レシーブのコースは、試合を想定して順次変えていく。

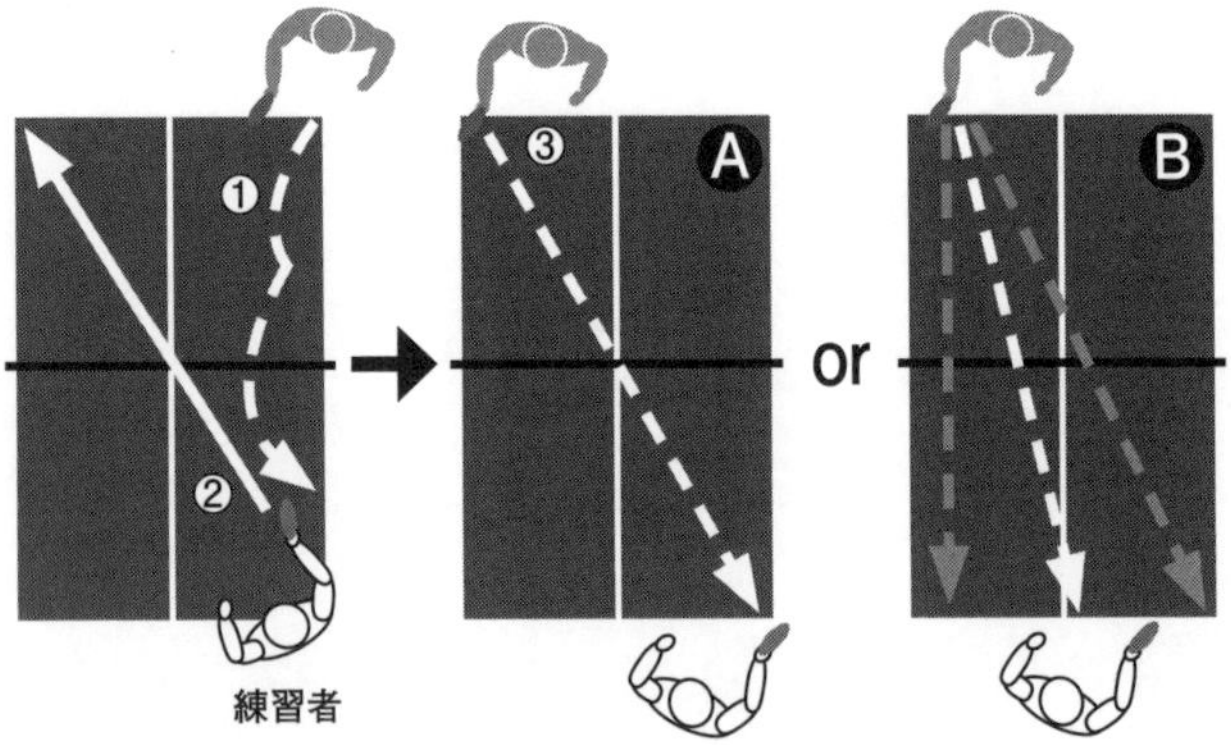

c フォア攻めやミドル攻撃への対応

サービスでフォア前に寄せられてからのフォアサイドへの攻撃（A）や、両サイドに揺さぶってからのミドル攻め（B）に対応する練習

D型：カット中心の守備型

［D型の特徴］

カットを中心にした守備的なスタイルがD型です。以前はカットが9割、攻撃が1割くらいの割合でしたが、今はカットが7割で攻撃が3割、攻撃的なカット型の場合はカットと攻撃が半々くらいで、サービスを持ったら3球目では積極的に攻撃していくスタイルに進化しています。攻撃が多いタイプと守備重視のタイプ、それぞれの特徴に応じて型作りをする必要があります。

カットと攻撃の比率を初期設定の段階で決めることは指導者の役割ですが、カットと攻撃の練習を並行して行い、強化していく必要があります。カットを強化する時期、攻撃を強化する時期というのはあってもいいのですが、なるべく攻撃とカットを並行して強化するほうが良いでしょう。後でバランスを修正するのは難しくなるからです。以前は中国のカット型の選手は、自分の練習時間には全部攻撃の練習をしていました。練習を見ていて「攻撃選手だな」と思っていたら、試合になるとカットをしていて驚かされたこともあります。

D型はカットと攻撃の比率によって練習内容やプレー領域が変わってきます。カットが多い選手はプレー領域が少し後ろ、攻撃が多い選手はプレー領域が前になります。カットの安定性や粘り強さ、前後左右の大きな動きが重要で、長いラリー戦に耐えられるスタミナも求められます。

変化のあるカットから強烈なバックドライブを放つ村松雄斗選手（左）と、非常に守備範囲が広く、正確なカットで何本でも拾う佐藤瞳選手（右）

カットの安定性や粘り強さというのは、D型のプレーの基本として絶対に必要な部分です。そのうえに攻撃力を身につけていったほうが大成するでしょう。

［例］村松雄斗選手、御内健太郎選手、佐藤瞳選手、橋本帆乃香選手、武楊選手（中国）

［D型が得点力を磨く練習］

今はバック面に粒高や表ソフトを貼る異質のカット型が多いので、カットやツッツキでは反転を駆使して、チャンスがあれば積極的に攻めます。ただ、このD型の選手は、フォアは攻撃できても、バックでの攻撃ができない選手が多くいます。相手はバックサイドに粘ってくることが多いので、バックハンドの攻撃力が低く、攻撃を仕掛けるチャンスが少なくなってしまうのはもったいないことです。女子の橋本帆乃香選手などは、バック面を裏ソフトに反転させて攻撃も仕掛けられるので、より攻撃のチャンスが広がっています。

私はこれからのカット型というのは、カットをする基本の位置が重要になると考えています。強力なドライブやスマッシュに対し、守ることだけを考えれば、台から距離を取ったほうが守りやすいですが、それだけ攻撃のチャンスが少なくなるということです。プラスチックボールの特性を考え、強打されたとしてもなるべく中陣くらいで返球できるよう、プレーの基本位置を前にして、攻撃のパターンを多くすれば勝つチャンスが広がると思います。一方で、中・後陣からのバックドライブやカーブロングもカット型に必要な技術のひとつで、直接得点につながる技術ではないかもしれませんが、相手を揺さぶり、攻撃の糸口を作るのに必要です。

カット自体も同じボールを送るのでなく、ボールの少し右側をとらえたり、ボールの真後ろをとらえたりして、カットの軌道を変えていく。そうして変化をつける技術も必要です。まだ子どものうちに意識させておかないと、後づけではなかなか身につかない部分です。ツッツキにしても、攻撃型がより攻撃的なツッツキを追求する時代なのですから、カット型もいつも同じタイミングと打球点でなく、打球点を早くしたり、サイドスピンを入れるなど、攻撃的なツッツキを取り入れていくべきです。

谷岡あゆか選手がＪＯＣエリートアカデミーに在籍している時に、「しゃくりカット」というのをひとつのテーマにしたことがあります。しゃくりカットというのは、ミドル前に落とされたループドライブに対し、フォアでしゃくりあげるようにして打つ、自分から見て右に曲がるカットのことです。攻撃型にとっては打ちにくいカットになり、非常に有効な武器になりました。ちょっと人とは違う、相手を惑わせるようなカットができれば、それだけ有利性が生まれます。
また、谷岡選手には中陣からの強烈なバックドライブ（反転）にも取り組ませました。

［D型の得点練習メニューの例］

a　フォア前サービス→打球点の早いツッツキでチャンスメイク

①フォア前にバックハンドで横下回転のショートサービス
②相手はバックサイドにツッツキレシーブ
③3球目は打球点の早い攻撃的なツッツキでバックサイドへ
④相手は4球目で全面にツッツキ
⑤5球目でなるべくフォアハンドで攻撃（コース指定）
⑥6球目以降フリー

相手のフォア前にショートサービスを出し、ツッツキでのレシーブを3球目の攻撃的なツッツキでバックに送球。この3球目ツッツキは打球点が早くてスピードがあり、深く入る攻撃的なツッツキを目指したい。この攻撃的なツッツキは、ラリーの中で相手のツッツキに対しても使っていくことができ、攻撃の起点になる。

　サービスはフォアとバック、どちらで出しても良いが、3球目をバックツッツキで返すので、バックサービスのほうがスムーズに移行しやすい。

b　相手をバックに寄せ、ナックルカットから反撃

①ドライブ対カットのラリーで、相手のバックサイドへ4〜5球カットしてから、フォアサイドへナックルカット
②相手はつなぎのドライブで返球
③前に出てドライブやスマッシュで反撃
（コースは指定、もしくはフリー）

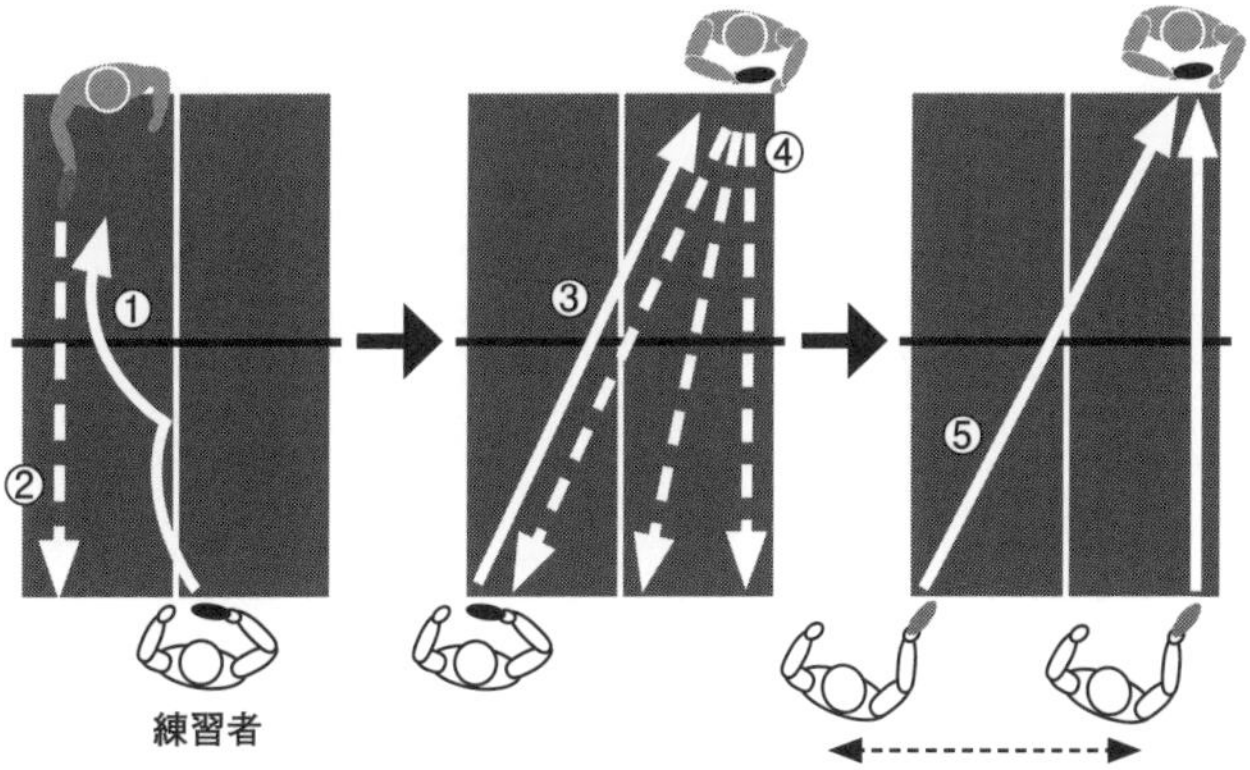

a フォア前サービス→打球点の早いツッツキでチャンスメイク

フォア前へのバックサービスから、相手のバックサイドへのツッツキレシーブを打球点の早いツッツキ（③）でバックサイドに送り、全面に来るツッツキをフォアで狙う（⑤）

ドライブ対カットのラリーの中で相手をバックに詰め、空いたフォアへナックルカット。相手はバックに寄っていたところからフォアに動いて打球すると、少し打球点が落ちるため、ナックルカットに対してオーバーミスが出たり、山なりのチャンスボールが返ってきやすい。フォアへの「つり球」でチャンスを作り、すかさず攻撃する。サービス・レシーブは自分の得意なサービス、あるいは課題であるレシーブからコースを指定し、相手のパワードライブやラリー中の緩急の変化に対し、ミスを減らしながらこの練習を取り入れる。

c　相手をフォアに寄せ、ナックルカットから反撃

①ドライブ対カットのラリーで、相手のフォアサイドへ4～5球カットしてから、バックサイドへナックルカット

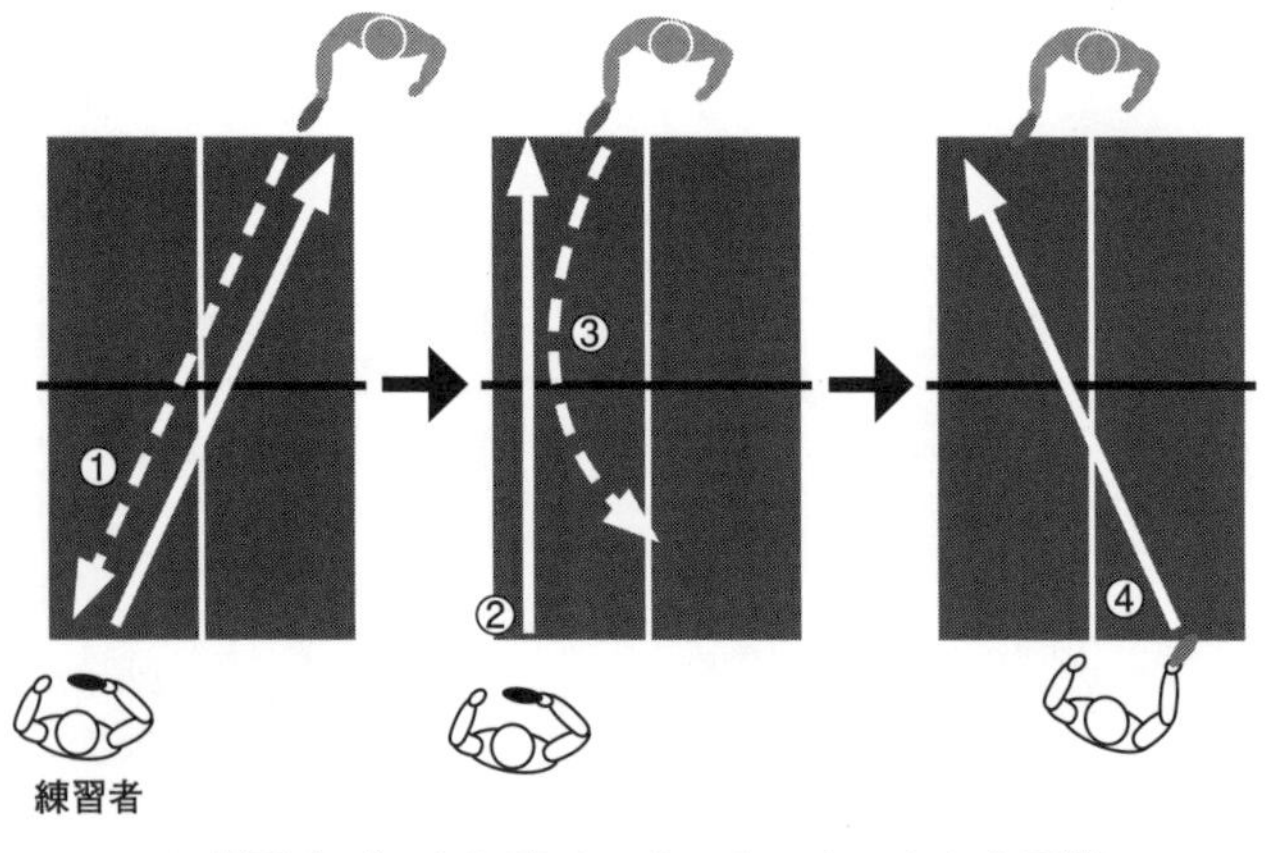

b 相手をバックに寄せ、ナックルカットから反撃

バッククロスでのドライブ対カットのラリーから、フォアサイドへナックルカットを送り(②)、相手のつなぎのドライブ(③)を前に出てドライブやスマッシュで反撃(④)

②相手はツッツキで返球

③チャンスボールを両ハンドで攻撃（コースは指定、もしくはフリー）

bとは逆に、ドライブ対カットのラリーの中で相手をフォアに詰め、空いたバックへナックルカット。相手のツッツキが少し浮いてきたら、それを狙って攻撃を仕掛ける。

カット型は対戦相手が「2本ドライブしたら次はツッツキやストップ」というように、相手のプレーの傾向が読めてくる時があります。そういう相手にはツッツキやストップが想定される3本目にナックルカットを送ると、相手の返球が浮き、攻撃を仕掛けやすくなります。ナックルカットを使うタイミングも、相手のプレーのリズムや傾向をつかむことで、より効果的になります。

ここではツッツキ・カットからの反撃のパターンを紹介しましたが、D型も他の3つのスタイルと同様、サービス＋3球目攻撃への意識を高める必要があります。

以前はカット型のサービスは「相手に打たれずにツッツキで返させればいい」というくらいの意識でしたが、今は明確に「チャンスを作り、攻撃していく」という意識を持つべきです。相手にとっても、「レシーブはあまくなっても攻撃されない」と思いながらプレーするのと、「レシーブがあまくなると打たれる」というプレッシャーを感じながらプレーするのでは、心理状態が大きく変わってきます。

たとえば橋本帆乃香選手はバックサービスの変化が大きく、加えて両ハンドで積極的に3球目攻撃を狙うことで、レシーブする相手選手にプレッシャーをかけています。3球目で攻撃できない時だけ、打球点の早いツッツキで5球目の攻撃につなげる、あるいはより有利なカット対攻撃のラリーに持ち込むというパターンを練習する必要があります。

バックサービスの場合は反転して裏ソフト面で出すのが普通ですが、反転せずに粒高ラバーでサービスを出すのも、相手からすれば嫌なものです。競った場面、相手にプレッシャーがかかる場面では意外な効果を発揮します。

ただし、カット型というのは、自分から仕掛ける意識が余りに強すぎると、凡ミスが増えて自滅するパターンに陥ることもあります。相手の攻撃型にしてみれば、カット型が凡ミスをするというのは一番楽なパターンです。自分から攻撃を仕掛けてうまくいかない時は、一度引いて土台のカットでしっかり守るという意識に切り替えるのもひとつの手でしょう。カット型の凡ミスは、精神的にも2点、3点の失点に匹敵するものです。

[D型が対応力を磨く練習]

カット型の選手は、まず何と言っても前後、左右の揺さぶりに対するカットの安定性と対応力が必要です。

最近のカット型のラバーは開発が進み、昔に比べて回転量の変化が大きくなっています。ストップしようとしても大きく反発して、短くストップするのはかなり難しくなっています。この点では、カットマンにとっては有利だと言えますが、ストップだけでなく、ツッツキやループドライブで浅く入れて前後に揺さぶってきた時の対応練習はカットマンにとっては重要です。少しでもカットが浮くと相手に強打されたり、スマップ（スマッシュと見せかけてストップ）をやられます。

また、カットをストップするのは難しくても、ツッツキをストップするのは意外に簡単です。攻撃型としてはカットをツッツキした後、カット型がツッツキしてきたボールをストップすれば、普段のストップレシーブと同じ感覚でできます。だからカット型はツッツキの後のストップという戦術に注意しておく必要があります。

片方のサイド、特にバックサイドにボールを集められ、空いたスペースのフォアやミドルを攻められるという展開への対応も、カット型にとっては課題のひとつです。相手に安心してカットを打たせないためにも、反転してのカットやあまいドライブは、バックショートを混ぜるのもひとつの方法でしょう。カットとツッツキ、すべてで反転を駆使するのが難しいのなら、せめてツッツキだけでも反転を使ったり、あるいは打球点を変えたり、横回転を入れることでツッツキに変化をつけて、安心して粘らせないようにしたいものです。

［D型の対応練習メニューの例］

a　前後の揺さぶりへの対応練習

①相手がフォア前へサービス
②フォア面、あるいはバック面でレシーブ（コース指定）
③ラリー中、相手はドライブでカット打ちをする中で、ストップや浅いループドライブで仕掛け、チャンスボールをパワードライブやスマッシュで攻撃
④カット型は前後の動きとスマッシュへの返球で対応

カット型は台の近くでプレーするレシーブやツッツキ、そして台から離れて後方でプレーするカットやロビングとの間の「中間帯」、つまり中陣でのプレーが非常に重要になる。相手に早いタイミングで3球目攻撃をされたり、ストップやツッツキで前に寄せられたあと攻撃されると、後陣まで下がってカットをする時間がなくなってしまう。そこでバックでのショートや、フォアで小さいスイングでの「チョップカット」で少し回転をかけて返球することができれば、一本しのいで後方に下がる時間的余裕が生まれる。台から距離を取る前の「つなぎの技術」を磨いておきたい。

b　ミドル攻めへの対応練習

①相手がフォア前へサービス
②両ハンドでレシーブ（コース指定）
③相手はミドルへ3球目攻撃
④バックカット主体でミドル処理（バックショートやフォアハンド軽打も混ぜる）、以下フリー

対ミドルのカットはフォアカットよりもバックカットのほうが対応しやすい。中学生のカット練習を見ていると、バック50％・フォア50％の割合でカットの練習をしている選手がいるが、実戦で使う割合を考えると、少なくともバック60％・フォア40％、あるいはバック70％・フォア30％くらいまでバックの割合を増やしても良い。

韓国の金環娥選手（04年アテネ五輪銅メダル）というカットの選手は、バック面の粒高でフォアサイドまでバックカットで処理することが多かっ

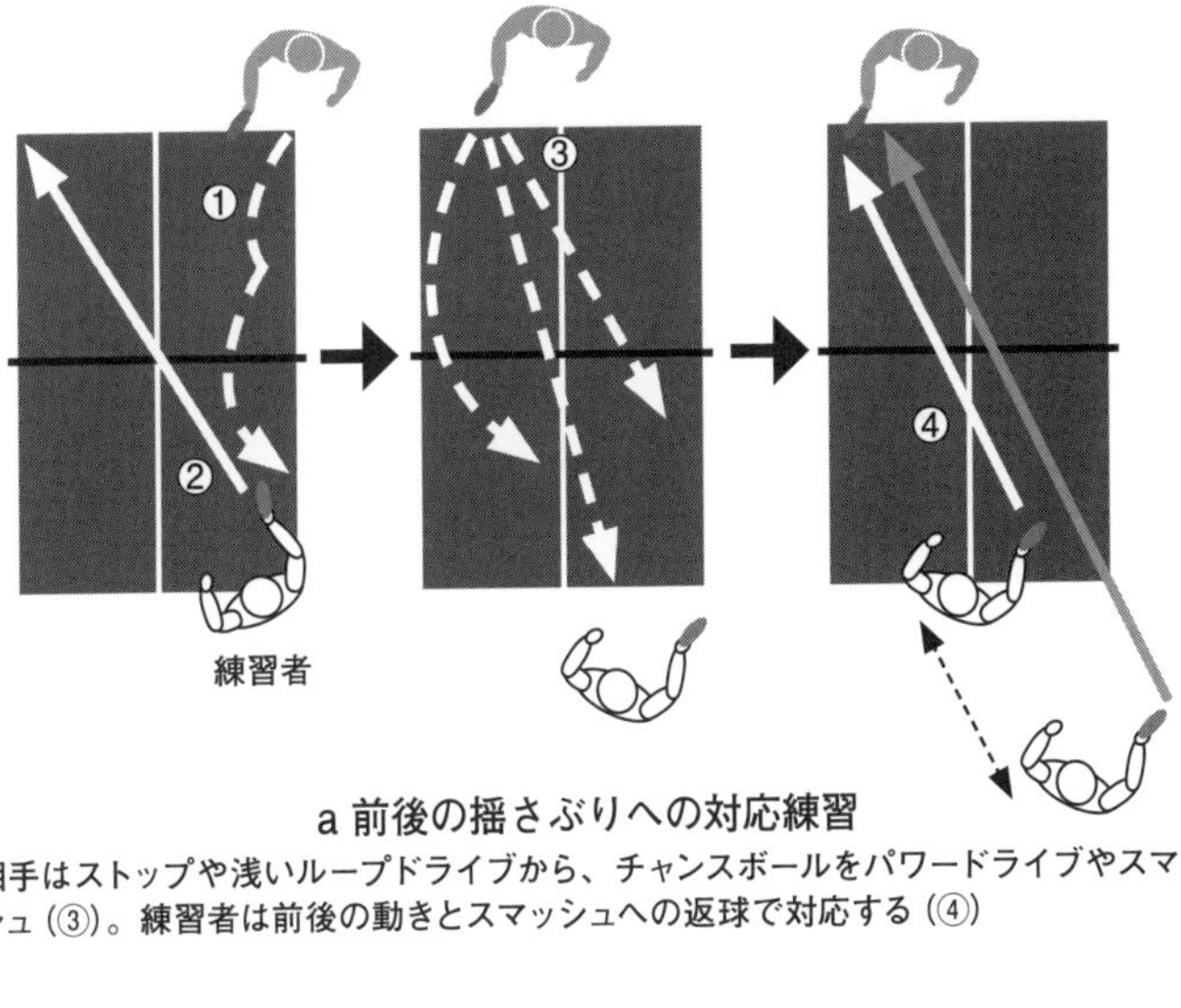

a 前後の揺さぶりへの対応練習

相手はストップや浅いループドライブから、チャンスボールをパワードライブやスマッシュ（③）。練習者は前後の動きとスマッシュへの返球で対応する（④）

た。バック面の粒高ラバーでの変化という利点を生かし、相手によっては全面をバックカットで処理するのもひとつの方法。指導者もフォアとバックのカットの比率には注意しておきたい。

また、フォア前のサービスに対しては十分なレシーブ練習が必要。フォアやバックでレシーブしたり、ストップを混ぜて強打させせないラリーにつなげる練習も取り入れる。

c　ドライブをワンサイドに集められた時の対応練習

d　ドライブの回転に変化をつけられた時の対応練習

aやbと同様、サービス・レシーブからスタート。cでは回転量の多いドライブをバックサイドに集められ、浮いたボールをミドルやフォア

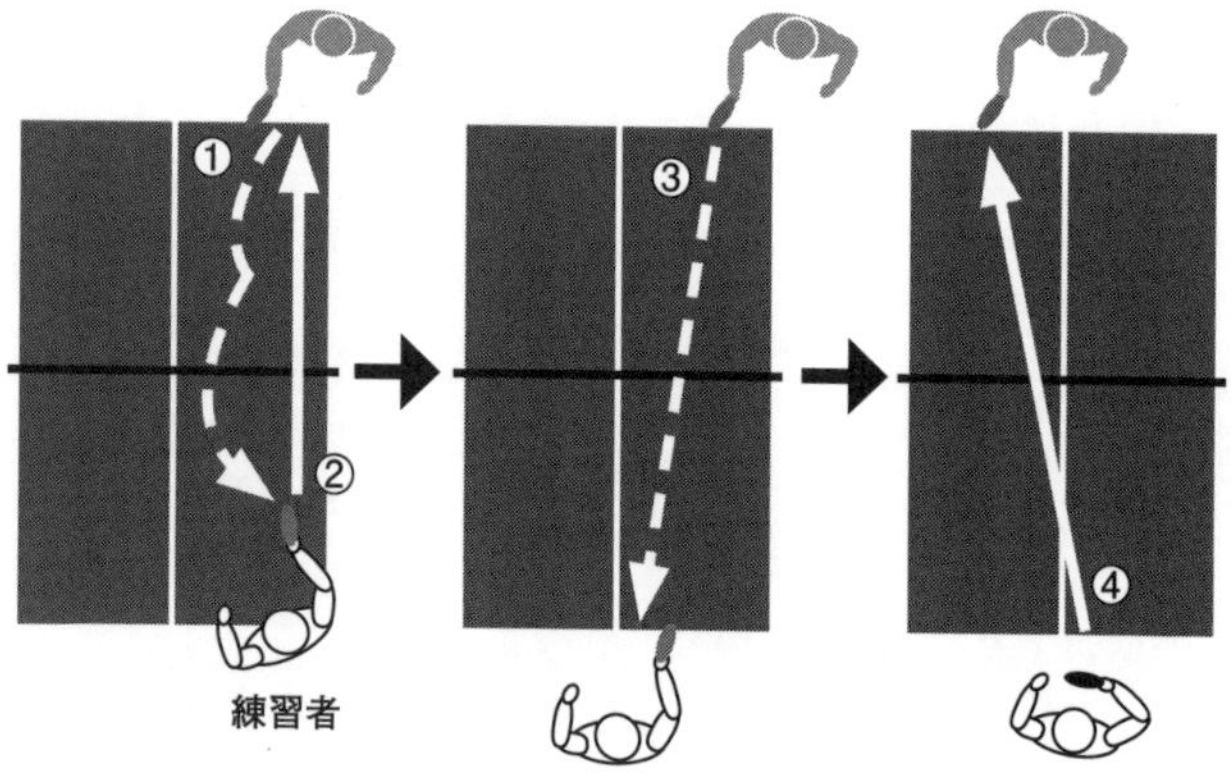

b ミドル攻めへの対応練習

相手のフォア前へのサービス（①）を両ハンドでレシーブ（②／コース指定）。相手のミドルへの3球目攻撃（③）をバックカット主体でミドル処理し、5球目以降はフリー

バック面の粒高ラバーの変化という利点を生かすため、バックカットで非常に守備範囲の広いプレーを見せる金璟娥選手（韓国）

サイドに強打されるパターンがある。ｄの「ドライブの回転に変化をつけられる」というのは、最近の攻撃型が使う戦法で、回転量の少ないドライブをバック側の粒高面に集めてくる傾向が見られる。このボールに対しては自分から変化をつけにくく、カットにミスが出たり、返球があまくなったところを強打される展開につながってしまう。

このようなカット攻略のパターンに対し、積極的に使っていきたいのが反転のテクニック。バックサイドにドライブを集められた時は、カットの球質が一定にならないように反転で変化をつけて揺さぶったり、フォアカットでバックに回り込んだりして対応したい。ナックル性のドライブに対しても、バックに来たら回り込んだり反転して、裏ソフト面で狙い打つのは有効と言える。

カット型は「打たれる」より「打たせる」。変化を考えてプレーを設計しよう

Ｄ型、つまりカット型の選手は、「カットは低ければ低いほどいい」と考えている人が多いのではないでしょうか。カットが少しでも高くなると、指導者からも「カットが浮いている」と指摘されるので、カットを低く入れようという意識が強くなるのです。

ところが、低いカットというのは、攻撃型にしてみれば意外に打ちやすいのです。ドライブ攻撃型にとっては、高く深いカットのほうがむしろ打ちにくいことに気がつくべきです。なぜかというとドライブしようか、スマッシュしようかと迷うからです。いわゆる「つり球」のカットになります。

わざと少し高く、深く相手コートに入るつり球のカットが出せるようになれば、気持ちにも余裕が出てきて、スマッシュの返球もやりやすく、試合でも勝ちやすくなるでしょう。切れたカットを低く送って相手に持ち上げさせ、次にナックルで少し高いカットを送ると、相手は打球感覚の調節が難しく、オーバーミスを誘うことができます。

カット型の選手は強打されたボールを動いて拾う、前に寄せられたストップをツッツキで返球するなど、相手のプレーに対応する「後追い」の展開になりがちですが、逆に一歩先回りするこ

とで、相手のプレーを限定させ、次のボールを待ち伏せすることができる。そのような戦術を駆使するためには、カットの高さと深さのレベルをコントロールできれば、試合での優位性を一層高めることができます。「打たれる」のではなく、「打たせる」のです。

また、最近のカット型の傾向として、切るカットを使える選手は多いのですが、ナックルカットを使える選手が少ないように感じます。以前は攻撃を仕掛けるための準備球として、ナックルカットをうまく使う選手がたくさんいました。

私が京浜女子商業（現：白鵬女子高）で指導したカットの猪狩栄子（70年全日本ジュニア優勝・71年インターハイシングルス優勝）は、もともと両面裏ソフトでしたが、フォア面裏ソフト・バック面一枚ラバーの異質カットに変更しました。

彼女のプレーの設計は、バックのツッツキは切らないで、フォアのツッツキは切る。逆にバックカットは切って、フォアカットはナックルにするという構成でした。ツッツキもカットも、フォアが切れてバックが切れない、というのなら変化がわかりやすいですが、フォアツッツキとバックカット、バックツッツキとフォアカットというように、クロスする形で変化をつけるので、対戦相手としては相当やりにくいカット型でした。ミドルへ攻撃された時も、フォアだけ、あるいはバックだけで処理するのではなく、両面を使い分けながら変化をつけていました。

一枚ラバーはスイングを速くしないとなかなか切れませんが、プレーの基準を「相手のやりにくさ」に置いているので、このような用具の構成になったのです。現在ではバック面に粒高を使うカット型が多いと思いますが、このようにフォアとバック、ツッツキとカットで切る、切らないを決めて、それをベースに反転技術を組み合わせていくのも面白いでしょう。そのようなプレーの設計の中で得点し、試合で勝つことができれば、「何となく相手がミスして勝った」という試合よりも、より充実感が残るはずです。

「4つの戦型」に至った理由。卓球はオール3では勝ちにくい

指導者にとって、選手たちをすべてひとくくりにして同じ練習をさせれば、時間だけ見ていけばいいのですから、非常に楽です。

しかし、選手が皆同じ点の取り方をするわけではありません。目指すべき戦型も異なります。そこで目指すべきスタイルを意識させ、練習させたほうが練習にも身が入りやすくなるし、自分独特のものを持つことによって、試合もより勝ちやすくなります。卓球はオール3では勝ちにくく、何かひとつ、秀でたものが必要なのです。

私も昔は、選手を同じ型にはめた練習をしていましたが、後には個性を生かして、人それぞれ

に異なるスタイルを築いていきました。本当にいろいろな個性の選手がいましたが、それが私には楽しみでした。白鵬からは、前身の京浜女子商時代を含めて全日本ジュニアチャンピオンを7人輩出しましたが、カットマンあり、ペンのドライブ型あり、ペンのオールラウンド型あり、シェークの攻撃型ありと様々なスタイルの選手がいました。

「あの選手、どういう選手なの？」と聞かれた時、「あの選手はサービスがうまい」とか、「あの選手はパワーがある」「ブロックがうまい」というように、パッと言ってもらえるような特長を持つこと。そして、試合の重要な場面ではその特長を出しながら得点していくのです。特長にプラスして枝葉の部分はもちろん必要ですが、幹となる自分の特長、その技を使って得点を多く取るパターンを作るのです。どのスタイルになったとしても、サービスから3球目攻撃というのは共通して重要な戦術です。

4つの戦型については、選手たちにも「君はA型だね」「どちらかというとB型だね」というように伝えることはあります。あまり特長がないのは「ガタガタ」でしょう（笑）。試合の中で自分の特長がうまく出せていない選手にアドバイスする際には、自分の戦術と対戦相手の特長を明確にすると効果的なアドバイスができます。練習の時にも「他の人とは違う内容の練習をして、他の人にはない得点パターンを持っているんだ」と考えることで、モチベーションの向上につながります。

もちろん、選手によっては大きな分類としてはA型でも、生粋の攻撃タイプであるAA型もいれば、ラリー重視のB型に近い部分を持つAB型もいます。「A型だからすべてこういう練習をしなければならない」というものはありません。重要なのはその選手の特性を見極めて、本人も気づいていない長所を発見し、特長として伸ばしてあげることです。

選手の特性を発見するには、試合中の瞬間的なプレーや、普段の練習でのプレーを観察します。多球練習で発見する時もあります。ミドルにボールを送った時、どのように打球するかをチェックしてみるのです。フォアで強く打つ子もいれば、バックで確実に返す子もいますし、フォアでちょっと流すようなテクニックを使う子もいます。他の選手にないなめらかさを持っていれば、すぐに指摘して意識付けをしてあげると本人はその気になります。長所というのは、本人が自覚していないうちは長所にならないので、指摘することが重要です。

また、指導者は選手に対して「この選手はこう」という固定観念を持ってしまいがちですが、時間が経つうちに変化し、改善される部分も多くあります。バックが苦手だった選手が、少しずつ向上しているのに「お前は相変わらずバックが弱い、バックが弱い」と言われ続けたら、せっかく良くなってきたものがしぼんでしまいます。毎日の練習をよく観察し、他の選手にはない長所と同様に、選手の努力の成果が現れた時にはすぐ指摘して、ほめてあげるべきです。

得点力を伸ばす練習と同時に、対応力を高める練習を紹介したのは、試合では対応力が低いために精神的な部分で崩れ、自分の特長が出せないで負けてしまうケースが多くあるからです。たとえばパワーが売り物のＡ型の選手が、レシーブが苦手でストレスになり、メンタル面に影響して、自分のサービスからの攻撃にも悪影響が出てしまう場合があります。

理想を言うならば、普段は得点力の練習を70％、対応力の練習を30％にして、試合の後は得点力が30％、対応力を70％にするなど、常に両方のテーマが必要だと思います。対応力の技術練習では、レシーブとブロックは常につきまとう課題です。動きやミドルへの対応も欠かせない部分でしょう。

試合では選手一人ひとりをしっかり観察して、感じたことをメモして、課題を把握しておくことが指導者の基本です。その課題に沿った練習内容を示すことができれば、風邪を引いた人に風邪薬を与えるのと同じで、確実に効果は出てくるでしょう。そしてまた次の試合で、選手が練習の効果を感じることができれば、達成感を感じてやる気が出るものです。マンネリ化して、「この練習はどういう目的でやっているのか」ということを考えず、ただ言われた練習をやっているだけでは効率が悪いのです。

ここまで挙げた練習メニューは、あくまでも代表的なものです。それぞれのスタイルの特徴を踏まえながら、得点力を磨く練習、対応力を高める練習、ともに様々なパターンを工夫したいものです。

団体戦で重要なダブルス。ダブルスの多球練習とシステム練習のメニュー

インターハイなどの4単1複の団体戦では、3番のダブルスの勝敗が非常に重要になります。ダブルスの強化を考えるうえで、まずシングルスとは違う点が3つあります。

一つ目は、サービス・レシーブのエリアが半分であること。コート半面でのレシーブですから、シングルスではサービスを持ったほうが得点率が高いですが、ダブルスはレシーブ側が得点できる確率が高くなります。レシーブする選手がいかに4球目で待っているパートナーの特長を引き出せるか、ということです。最近はチキータという技術が出てきて、レシーブ側の有利性がさらに高まっており、サービス側としてはサービスを工夫して、対策練習をする必要があります。

二つ目は、ダブルスは必ずパートナーと交互に打球しなければなりません。パートナーの邪魔にならないよう、フットワークの練習がシングルス以上に必要です。

そして三つ目はコンビネーションです。レシーブ時と同様、できるだけパートナーの特長を引き出すためのコース取りや役割分担の練習が必要です。「自分が、自分が」という意識ではダブルスのコンビネーションは高まりません。ふたりで力を合わせて1点取れば良いと考えれば、ダブルスはやはりミスが少ないペアが強いのです。また、自分ひとりでは1本のミスのつもりでも、

お互いにミスをすれば、2点を失うことになります。自分のミスばかり意識して、ふたりのミスの合計が失点に関わっていることに気づかない場合が意外に多いのです。

コンビネーションで言えば、パートナーの技とコース取りによって、返球がパッと予測できるようになれば良いダブルスと言えます。シングルスなら前のプレーを自分でやっているわけですから、自然と予測できますが、ダブルスでは他人（パートナー）のプレーへの対応を予測することになります。それがコンビネーションの重要な点です。

私が行うダブルスの練習は、まず多球練習で、全面へ散らすストップを右回りや左回りでクルクル回りながら打球する練習。8の字を横にしたような回る動きです。これがダブルスでの動きのベースになります。フォアに動いたら、打球後すみやかに右回りでパートナーの後ろに回る。バックに動いたら、左回りでパートナーの後ろに動く。時間的な余裕がない場合は前でしのぐケースもありますが、基本はパートナーの後ろに回って、パートナーが打球できるようにスペースを空ける動きです。

次に、2本・3本というダブルス練習があります。A選手とB選手が組んだ場合、フォアサイドで2本、バックサイドで3本ずつ打球することで、バックサイドでの3本目の打球で選手が入れ替わります。フォアサイドでの打球は、最初の2本はA→B、次の2本はB→Aという打球の順番です。2本・2本のフットワークだとずっと同じ動きで、順番も同じ打球になりますが、バックサイドでの打球を3本にすることで打つ順番を変えながら打球できます。あとは全面ランダムで動く練習です。

それから、ダブルスの戦術を高める多球練習を行います。1球目でショートサービスを出して、A選手にミドルにストップさせる。このストップに対し、送球者はストップ、ツッツキ、またはフリックなど様々な技術で返球して、B選手に4球目で打たせる。そのあと多球でコースを散らしながら、数球トスを出すという具合です。パートナーのストップレシーブからの相手の返球は、様々な技での返球が考えられますから、それに対応してから動くという練習です。実戦でも非常に多いパターンです。

また、相手のサービスに対してストップレシーブが難しい場合は、レシーブが長いツッツキになり、必ず相手は3球目をドライブで攻めてきます。そこで、多球練習の送球者がショートサービスを出し、A選手に長いツッツキレシーブをさせて、それを送球者が全面にドライブ、あるいは時々ツッツキで返してやる。B選手は、送球者がドライブした時はブロックで返球しながら、ツッツキをした時には急きょ攻撃に切り替えていく。その攻守の切り替えが重要であり、ミスの原因になりやすいポイントなのです。

対応力を高める練習として、右利きと左利きの選手がペアを組んだ場合、3球目・5球目でそれぞれのフォアサイドを攻められるケースが多くあり、この時の対応が必要です。また、右利き

フォア2本・バック3本のダブルス練習

フォアサイドで先にA選手、次にB選手が1回ずつ打球した後(①②)、「8の字」を描く動きでバックサイドに移動。A選手がバックサイドで1回多く打球することで(⑤)、次のフォアサイドの打球ではB選手が先に打球することになり、打球の順番が入れ替わる

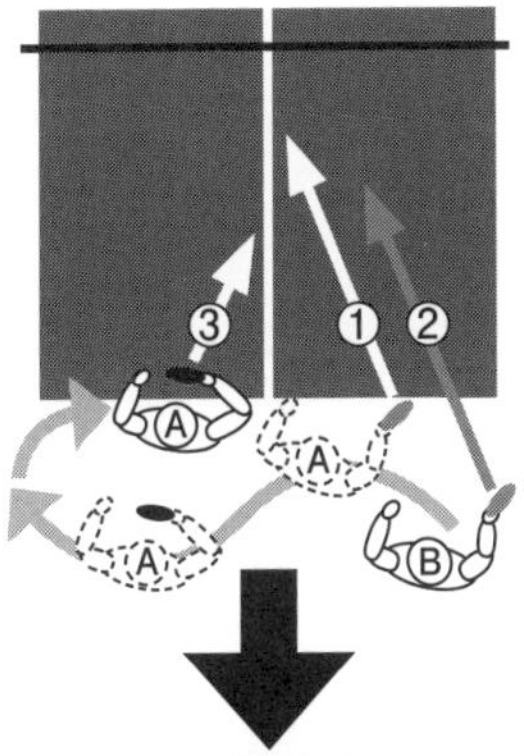

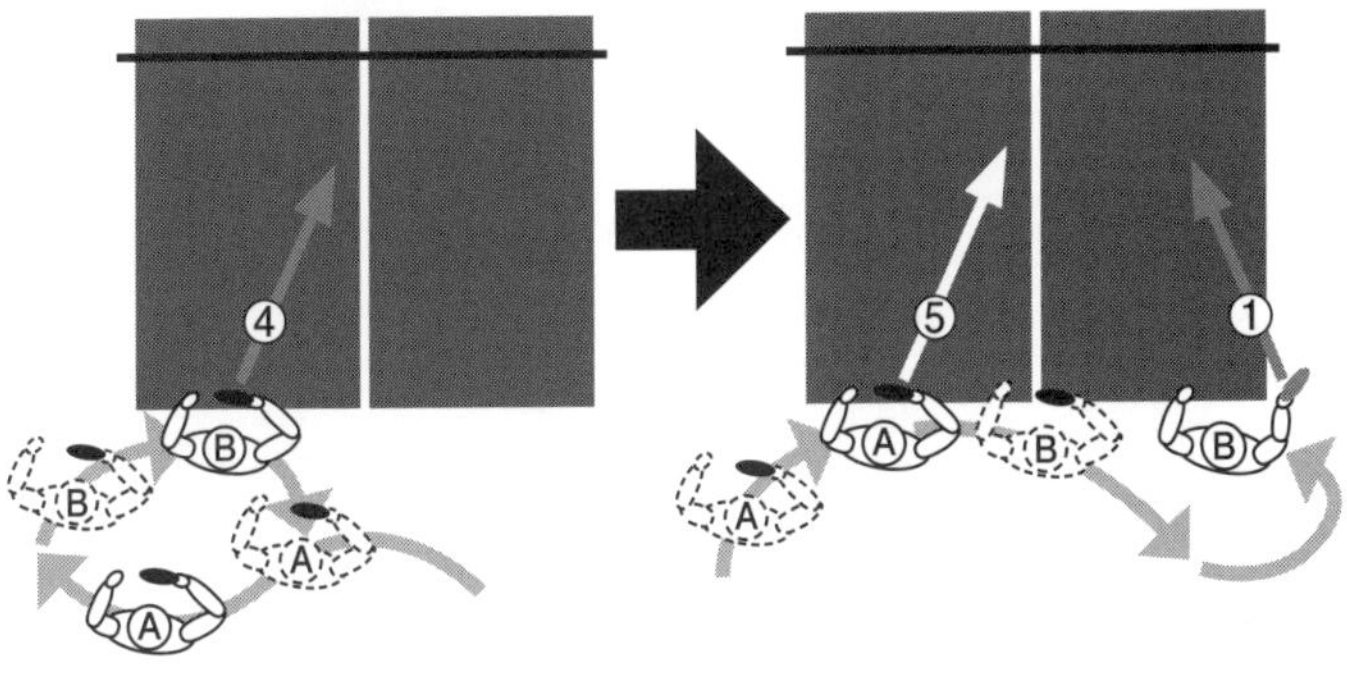

抜群のコンビネーションで全日本女子複を三度制した大柿柴保(左)・河野文江ペア

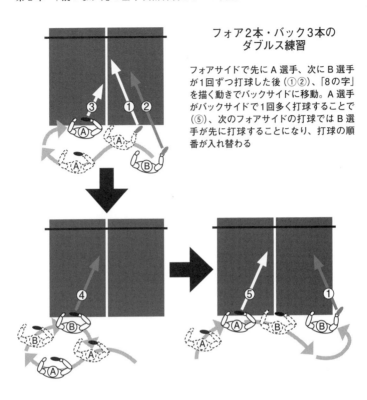

同士だとひとつのコースに重ねられて、ふたりが重なりあうようなコースを突かれることが多いので、対応練習が必要になります。

ダブルスの強いペアはまず凡ミスが少ないこと、そしてレシーブがうまいこと。この2点については共通していると思います。私が今まで指導してきた中でコンビネーションが良かったペアは、92・95・97年度全日本選手権女子ダブルス優勝の白鵬女子高の大柿柴保（初優勝時2年）と河野文江(1年)でしょう。大柿は右ペン表速攻型、河野は左ペンドライブ型。河野は器用な選手で、サービスもうまかったので、大柿のフォア強打をうまく引き出していました。

また、15年度全日本選手権女子ダブルスで優勝した中島未早希・天野優ペアは中島の得意なカウンタードライブを天野がうまく引き出し、また天野の得意なフォアハンドを中島が引き出していました。

ダブルスは右利きと左利きが組んだほうが有利と言う人もいますが、私はあまり気にしません。83年インターハイ団体優勝の立役者となったカットの布施江津子と秋山真樹子のダブルスは、カットと攻撃の変則ペアでインターハイの団体戦を全勝し、素晴らしいペアでした。相性の良さと、ペアを組んだ時にコンビネーションが噛み合うかどうかが重要だと考えています。

第3章

勝つために必要な応用戦術

対応力が高まり、同じパターンで連続得点できない時代。戦術の幅を広げる応用戦術を身につけよう

卓球界は2001年から11点制の時代を迎え、相手に対応する能力というのは非常に高くなっています。21点制の時のように、同じパターンで連続して点が取れる時代ではなくなっており、それでは勝つことはできません。同時に、勝つためには同じような点の取られ方をしていてはいけません。

試合では1本おきに点を取ったり、取られたりで進んでいくことが多い。サービスも1本目は効いて得点できても、次はもう返されてしまう。そういう状況になりつつあります。

現代卓球では、戦術力、戦術の幅というものが以前より重要になっています。戦術の幅、それは多くの技術がなければ実現できません。特に3球目で使う技の種類です。相手との駆け引きの中で、得点につながる戦術をどれだけ持っているかという準備が必要です。そのためには練習の質が重要で、基本練習ばかりやっていても、戦術の幅は広がりません。

そこで求められるのが「応用戦術」です。応用戦術とは、特定の戦型を対象にしたものではなく、あらゆる戦型の選手に対して有効な普遍的な戦術です。たとえば「ミドル攻撃」は、状況にもよりますが、どの戦型であっても有効な戦術でしょう。両ハンドが非常に強い選手に対しては、

どこかでミドルを攻める場面が出てきます。

試合の流れの中では、状況に応じて戦術を変えていくことが求められます。しかし、それも相手の対応次第では2本、３本で変えていかなければなりません。基本戦術が「柱」の戦術なら、応用戦術は「枝葉」の戦術。中学生・高校生のうちは基本戦術での戦いがメインになりますが、それ以上のレベルになると相手の動きやクセから判断し、打ち分けられるくらいのプレーを目指したいものです。

相手に精神的ショックを与える「狙いボール作戦」。力を封じるだけでなく、「やらせて狙う」

相手に特徴を出させない戦い方は、相手の得点力を弱め、「思うように戦えない」というストレスを与えることができます。

そして、相手に大きな精神的ショックを与えるのは、相手が得意な技術を使って「やった！」と思った瞬間に、それを狙ってカウンターされたり、ブロックで返されることです。これは難しいことも確かですが、戦術としては非常に効果があります。

国際大会での戦いになると、相手の力を封じるだけではなかなか勝利に結びつきません。そこで相手に得意な攻撃をやらせて、それを狙うという「狙いボール作戦」で得点することが重要です。相手に大きな精神的ショックを与えることができます。

この「狙いボール作戦」の練習は、システム練習で行うことができます。たとえばレシーブからブロックのシステム練習で、フォア前にサービスを出してもらってフォアにツッツキを送り、相手に全面ランダムで3球目攻撃をしてもらう。こちらは4球目でスマッシュやカウンター攻撃で狙い打ち、5球目以降はフリー。このシステム練習は、レシーブからわざと相手に打たせているわけですから、相手の攻撃を狙う「狙いボール作戦」の練習になります。

サービスから相手のボールをカウンターで狙うパターンを考えていくならば、ハーフロングのサービスが有効でしょう。ストップで短く止めることが難しく、台から少し出てしまっても、相手は強打よりループドライブで返してくるので、カウンターで狙う得点パターンを作ることができます。

中国でもまだ発展途上の「逆モーション」。初期設定の練習に加えよう

最近の選手のプレーを見ていると、レシーブの構えからそのまま直接打球の体勢に入り、どの技で打球してくるのか、相手が判断しやすいプレーをする人が多いように思います。

どの技で、どのコースにレシーブするか、打球前に相手に教えているようなものですから、対戦相手に待たれるのは当然です。相手のモーションやコース取りに対応する能力が高くなっているので、なかなかレシーブでの有利性が発揮できません。国際大会などで、1ゲーム目は競って取ることができても、2ゲーム目以降は相手にレシーブを待たれて先手を取られ、得点できなくなってしまう。相手が自分のレシーブに慣れてしまうからです。選手本人は良いレシーブができていると思っていても、得点につながらなければ、戦術としてはダメだと言わざるを得ません。

それならばレシーブから、フェイントになる逆モーションや二段モーションなどを入れ、戦術の幅を広げていくべきです。この逆モーションというテクニックについては、中国もまだそれほど取り入れていません。日本男子では、吉村真晴選手のフェイクモーションを入れるフォアフリックや、ダブルスのレシーブでも一度空振りのスイングを入れる「二段モーション」からフリックする選手などがいます。

張本智和選手は、チキータと見せかけてストップする「チキップ」で相手の待ちを外し、チキータの効果もさらに高めていく

たとえば伊藤美誠選手のような、「何をやってくるかわからない」というやりにくさを追求するプレーヤーには、逆モーションを取り入れて中国に対抗してほしいと思います。正面からまともに勝負し、勝利しようと思っても、中国に対してはなかなか難しい部分があるからです。

ハーフロングのサービスに対しても、一度打つ構えをしてから打球点を遅らせてストップしたり、逆に台上でレシーブする構えからドライブでレシーブしたり、二段モーションのプレーをすれば相手の予測を外すことができます。私が「チキップ」と呼ぶ技がありますが、これはチキータをやると見せかけてストップをする技術。全日本選手権で史上最年少優勝を果たした張本智和選手が得意とする技術です。逆にストップの構えからチキータに入るのも有効でしょう。特に対中国ではトリッキーな部分も必要になるのです。

こういった逆モーションなどの技術は、子どもの頃から遊びの中に取り入れていくのが良いでしょう。大人になってから取り入れようとしても、なかなかできるものではありません。選手の「初期設定」の中に加えてもらいたい部分です。子どもの頃の練習が、あまりにも型どおりの基礎練習に偏ってしまうと、相手に読まれやすいプレーヤーになってしまいます。きれいなフォームは相手にとってみればやりやすいフォームでもあるのです。

重要なのは決定打を打つ前の一球。「仕掛け技」の意識を持とう

2018年1月の全日本選手権を見て、張本智和選手のプレーで非常に印象的だったのが、「仕掛け技」。つまり、得意な技術を使う前のチャンスメイクのボールです。

張本選手の場合、この「仕掛け技」が非常に打球点が早くてコースも厳しい。決める技に近いくらいのレベルの高い仕掛け技です。入れるだけのレベルの低いボールになるか、相手が攻められない程度のボールか、あるいはチャンスが作れて決定打に近いレベルのボールか。張本選手の場合は3段階で最も高いレベルであり、新しい時代の卓球だと言えます。つなぎの技のレベルが

決め技に近いレベルになれば、先手を取れる確率が高まり、有利性が多く作れます。

チャンスを作る技を練習で鍛えるには、たとえばサービスを相手にストップでレシーブしてもらいます。ストップに対して強く攻めることはできませんが、入れるだけのボールになってしまったら4球目で攻められてしまうので、ストップに対して早い打球点で深く厳しいツッツキをして、5球目で先手を取って攻める。また、バック対バックのラリーから、サイドを切るような厳しいコースに一本プッシュで攻めれば、返球はクロスに来るのでフォアで回り込んで攻めることができます。

多くの人は決定打の一球に注目しがちですが、実は水谷隼選手や張本選手の強さというのは、決定打の前の一球、仕掛け技の一球にあるのです。相手に攻撃させず、打球コースを限定させてチャンスを作るボールです。このボールがあまいと、相手はどのコースでも自由に返球できますから、コースや深さなどの厳しさが要求されます。

ツッツキもつなぎの技術のひとつですが、レベルが上がってくれれば、打球点を早くしてスピード・コースを厳しくしたり、強い回転をかけることによりチャンスを作り、得点に結びつけることができます。

自分のサービスから、相手のバック対自分の全面にブロックという練習をしたとしましょう。これもサービス・レシーブでの厳しさがなければ、形だけの基本練習になってしまいます。3球目のドライブに対して、相手のブロックがあまかったら、試合では強打やドライブ、スマッシュで得点を狙わなければいけません。そういう意識がなければ、練習のための練習になってしまいます。３球目で仕掛けた場合、５球目でも先手を取って攻める、あるいは緩急をつけて攻めるという意識が必要です。３球目でドライブした後、まったく攻める意識がない練習では、試合で役立ちません。そして、相手のバックに５～６球連続で打ったら、コースを変えてフリーにするような工夫も必要でしょう。15球も20球も連続でドライブを打って「ああ、気分が良い」では、これも試合からかけ離れた練習です。ウォーミングアップを兼ねた最初のひとコマで行うのは良いですが、２コマ目からはより実戦的な内容に入っていくべきです。

ラリーの中でも練習相手に「もっと緩急をつけてほしい」とか、コースを厳しくしてほしいというように要求を出し、質の高い練習をしたいものです。

システム練習で鍛える「ハーフロングサービスからの展開」と「ミドル攻撃」

現代卓球では、台からワンバウンドで出るかどうかという「ハーフロングサービス」を出す選手が多くなっています。短くストップしたり、レシーブから強く攻めることが難しいからです。

ハーフロングサービスからの展開を鍛えるには、このサービスからのシステム練習で「台から出たらドライブ、出なかったらツッツキや台上プレー」というように状況に応じてレシーブしてもらいます。最初から相手がドライブでレシーブしてくるとわかっていれば、3球目で対応するのは難しくありませんが、相手が状況に応じて様々なレシーブを使い分けてくる中で、それに対応していく必要があります。

あらゆる戦型に対して有効な「ミドル攻撃」の場合は、システム練習で「ミドルに打つ」と状況を決めて行ってもいいでしょう。注意すべき点はミドルを攻めた時、相手がフォアで取るか、バックで取るかということです。フォアで取った時はフォア、バックで取った時はバックに返球される可能性が高くなります。その返球を待ち、狙っていきます。

もちろん、逆のコースに来ることもありますので、相手に「バックに返してくれ」というようにコースを指定する必要はありません。ハーフロングサービスからのシステム練習と同様、あくまで相手の対応によって、こちらの待ちも変わるということです。ミドルを攻めたら次球以降はコースはフリーにして、返球を予測しながら優位な展開を作っていくのです。

第4章

インターハイに導くチームマネジメント

インターハイ終了直後、その会場で来季のチーム作りの第一歩。「先輩たちのように活躍したいか」「ハイ、活躍したいです」

白鵬女子高の指導をしていた時、私はインターハイという大会を目指してチーム作りをしていました。インターハイをひとつのゴールとして、終わると同時にスタートとしてとらえていました。

チーム作りの第一歩を記すのは、インターハイの団体戦が終わったその会場です。試合が終わった直後、表彰式までに30分くらい時間があります。先輩たちが戦った余韻がまだ残っている中で、1・2年生を集めて話をします。先輩たちの活躍を今、自分の目で見て、感動が残っているうちに「君たちも来年、インターハイのこの素晴らしい雰囲気で優勝したいと思わないか」と言うことから入ります。選手たちからは当然、「優勝したいです」「頑張ります」という返事が返ってきます。

その後、私はこう言います。「ぼくは先輩たちがどのようにして優勝できたか、今までの経験でよくわかっている。どうしたら勝てるかもわかっている。だけどやるのは君たちだ。これから1年間、計画に沿って苦しくつらい練習をすれば、結果は必ず出る。どうだ、やってみないか?」。熱戦の感動が残っているわけですから、どの選手も目を輝かせ「はい、やります」と答えます。くじけそうになった時には先輩たちの頑張りを思い出させて、またモチベーションを高める。このようにしてチームの勝利者の伝統がつながっていきました。

インターハイで良い成績を残すためには、やはり厳しい練習をしなければ勝てません。頑張れば良い成績が残せると、先輩たちが証明しているのですから、取り組む選手たちもやる気が出ます。「この練習をやっていても勝てるかどうかわからない」と半信半疑で練習しているチームより、練習の効果は大きいのです。これが伝統の力です。

また、結果的に翌年の成績が落ちたとしても、先輩たちと同じ意識で練習に取り組んで、それで結果が出なかったら、それはしかたないことだと思います。「勝てなかった＝努力が足りない」ということではありません。その道のりで経験したさまざまな努力は、必ず将来どこかで役立つでしょう。

私も若い頃の指導では、優勝しか目標にしていなかった時期があり、どんどん気持ちが落ち込んでいってしまいました。しかし、36歳の時、病気をきっかけに答えをふたつ考えたのです。勝ちたい、優勝したいのはもちろんですが、もうひとつは優勝できなくても、選手たちがそれまでの過程の中でいろいろなことを経験しながら人間として成長していけば、人生で役立つということです。だから準優勝に終わった年でも、一年間の成長の度合いから、「優勝より価値のある準優勝だよ」と言ったこともあります。中学時代に実績のない選手ばかりのチームでも、コツコツ努力を積み重ねてたどり着いた準優勝なら、それは大いに価値があるわけです。

昭和 58 年の愛知インターハイでの京浜女子商業のベンチ。優勝だけを目指す指導からの方向転換が、この大会での 15 年ぶりの団体優勝へとつながった

インターハイの団体戦は各都道府県の代表が55チーム、優勝は1チームで、あとの54チームはどこかで負けます。ただひとつ「優勝」だけが答えでは、実現は厳しい時も多いでしょう。毎年インターハイが終わると大会を反省し、次年のインターハイへ向けての目標を立て、練習に入りますが、優勝できないとより自分に厳しく、より選手にも厳しく当たり、いろいろな面で悪い方へ、悪い方へと事態が進んでいってしまった時期がありました。特に30代前半の頃です。

指導者の方も目標を持つことは大切ですが、その答えがひとつしかないと、長年目標が達成できなかった時に行き詰まってしまいます。

全国大会を視野に入れた４期の練習計画。選手個々の課題、自分の卓球を意識する

白鵬の1年間の練習計画は、インターハイを基準にして1年を４つの期間に分け、それぞれの期間で「技」「動き」「型作り」「試合（ゲーム練習）」という4つの練習のバランスをローテーションさせながら、練習を行っていました。

このようなローテーションが生まれたのも、やはり36歳の時に病気で入院したのがきっかけです。それまでは画一的な練習メニューでやっていたのが、急性肝炎にかかって2カ月ほど療養する中で、それまでの練習について振り返る機会がありました。その頃はインターハイでなかなか結果が出ず、悩んでいました。監督４年目で初優勝したものの、それから二度目の優勝まで15年かかりました。

当時は年間を通じて、練習内容にもほとんど変化がありませんでした。それは自分が高校時代にやってきた練習メニューとほとんど同じものでした。しかし、ずっと同じことをやっていたら選手たちも飽きてしまうし、マンネリ化してしまいます。少しでも選手たちが意欲を持って取り組める練習を考えていった結果、この練習計画にたどり着きました（次ページを参照）。

【1期目（9～12月）】

※4カ月÷4＝1カ月をひと区切りとしたローテーション

					主要な大会
9月	技 4割 100分	動き 3割 60分	型作り 2割 40分	試合 1割 20分	
10月	技 1割 20分	動き 4割 100分	型作り 3割 60分	試合 2割 40分	国民体育大会
11月	技 2割 40分	動き 1割 20分	型作り 4割 100分	試合 3割 60分	
12月	技 3割 60分	動き 2割 40分	型作り 1割 20分	試合 4割 100分	全日本選手権

【2期目（1～3月）】

※90日÷4＝約22日をひと区切りとしたローテーション

1月 1～26日	技 4割 100分	動き 3割 60分	型作り 2割 40分	試合 1割 20分	
1月27日～2月17日	技 1割 20分	動き 4割 100分	型作り 3割 60分	試合 2割 40分	
2月18日～3月11日	技 2割 40分	動き 1割 20分	型作り 4割 100分	試合 3割 60分	
3月 12～31日	技 3割 60分	動き 2割 40分	型作り 1割 20分	試合 4割 100分	全国高校選抜

【3期目（4～5月）】

※60日÷4＝15日をひと区切りとしたローテーション

	技	動き	型作り	試合
4月 1～15日	4割 100分	3割 60分	2割 40分	1割 20分
4月 16～30日	1割 20分	4割 100分	3割 60分	2割 40分
5月 1～15日	2割 40分	1割 20分	4割 100分	3割 60分
5月 16～31日	3割 60分	2割 40分	1割 20分	4割 100分

【4期目（関東大会後の6月10日～7月末）】

※練習は30分ほど自由練習をして、その後すぐ試合を行い、
試合後に課題練習を60分行う

6月10～30日	主に部内での試合。対戦相手を想定した仮想練習も行う
7月1～7日	期末テスト
7月8～22日	試験休みの期間。対外的な練習試合、戦型ごとの対策練習、初対面の相手の対策練習
7月末	ミニインターハイ
8月上旬	インターハイ

※1日あたりの練習時間は4時間（＝240分）に設定
※大会の日程は白鵬で指導していた当時のもの

4つの期間の間にはインターハイ、全日本選手権や全国高校選抜、国民体育大会などの大きな大会があります。1～3期の最初の期間は、各大会の結果を反省し、技づくりからスタートするので、技の練習時間が長くなります。サービスから3球目、レシーブから4球目で使う技の練習を徹底してやり込むのです。

4～5月の3期目には1年生が入学してきます。佐藤利香（88・91年全日本チャンピオン）のように1年生から団体のレギュラーに入る選手は、上級生と同じメニューをこなしていきますが、ほとんどの1年生はまだ団体メンバーには入れないので、インターハイが終わるまでは練習量も少し抑え、体力トレーニングや寮生活に慣れさせることを心がけました。

6月の関東大会が終わった後、インターハイに向け、団体メンバーを中心とした強化練習に入ります。3年生で団体戦のエントリーから外れた選手のモチベーションが下がらないように、食事の献立係や体調管理の保健係など、選手たちを支える重要なポストにつかせて、やりがいを与えるようにします。「みんなでインターハイを戦う」という雰囲気作りが大切だからです。

次に4期目は練習を30分くらいやって、すぐゲーム練習を行います。最後に試合内容の反省を踏まえ、40分間の課題練習という流れです。考え方としては、試合会場での短い練習時間で試合に入るという状況を想定しています。

7月上旬に期末テストがあり、ここでちょっと一服入れて、7月8日頃から22日頃まで試験休みです。外のチームにどんどん練習試合に出向き、大学や高校、実業団など様々な選手と試合をしてもらいます。大学では東京富士大、大正大、専修大、実業団では地元に日産自動車、武田薬品湘南、NEC相模原などがあり、よく練習試合をお願いしていました。

練習試合では各選手とも練習日誌に「対カット」のページ、「対シェーク裏裏型」のページなどを作り、戦型ごとに試合結果を記入。内容についても良かった戦術や反省などを書いていきます。これが大会本番で、非常に役立つのです。戦型ごとに、どう戦っていけば良い試合ができたかというイメージを作ることができ、不安を小さくして試合に臨むことができます。

インターハイは初めての場所で初めての相手と戦うわけですから、1ゲーム目は力を全く出せずに終わってしまう選手もいますが、この方法を用いればかなり解消できます

この時期は体調管理も重要なポイントです。卒業生が就職していた武田薬品から栄養剤や造血剤などを差し入れていただき、選手たちに服用させ、食事の他に栄養補給をしました。また、選手たちは練習中お腹が空くので、すぐに食べられる栄養食品を置いたり、スポーツドリンクを大きなサーバーに作っておいて、休憩時間に自由に飲んだり、食べたりできるようにしました。練習場には冷房設備がなく、夏場は汗を多くかくので、飲み物はスポーツドリンクの他に麦茶を用意し、その中にレモン、はちみつ、塩を少し入れていました。専門家のアドバイスを聞きながら栄養補給の工夫をしていたのです。

トレーニングの年間計画も4つの期間で実施。指導者は、体育教員が心強い味方

白鵬時代は、練習に加えて各種トレーニングを取り入れていました。冬場は陸上競技部と一緒にトレーニングを行いました。陸上競技部は今も全国区の強豪ですが、卓球部には陸上競技部と同じくらい足の速い選手もいて、駅伝のレースに出た選手もいました。タイヤを引っ張ったり、様々な器具を使ったり、かなりハードな内容でした。

高価なトレーニング器具はありませんでしたが、体育の教員にお願いしてメニューを考えてもらいました。「1時間くらいの時間で、どこを重点的に強化したいか」を伝えることで、短い時間でメニューを次々に変えていくサーキットトレーニングなども時期によって取り入れていました。体育の教員の協力は大変助かりました。

トレーニングは打球練習の時間を削らないと、なかなか取り組むのが難しいものです。たとえば4時間練習できるところを、3時間の練習にして残り60分をトレーニングに当てるのは、指導者としては勇気がいるものです。しかし、女子NTの監督・コーチを務めていく中で、トレーニングの重要性を認識し、導入を決断しました。

2017年1月の全日本選手権女子シングルスで、平野美宇選手が史上最年少で優勝しました。

動きの速さや打法の改造に取り組んで、あれだけ威力があるボールが安定して打てるようになったのも、エリートアカデミーで継続的にフィジカルトレーニングを積んできた成果であると思います。平野選手は練習時間を削って、毎日1時間のトレーニングを行ってきたのです。

[白鵬女子高のトレーニングの年間計画]

◎1期目（9～12月）

冬場はなるべく走って基礎体力をつける時期です。朝はランニングを行いますが、グラウンドで20分間ランニングした後にダッシュを行います。また、寮の近くに坂道があるので、そこを登る「坂道ダッシュ」もやりました。

チームの主力は1・2年生に移り、まずは体力づくりの時期。ただ、年末には全日本選手権という大きな大会がありますから、大会が近づいてくるとトレーニングの量を落としてゲーム練習を増やすなど、調整を行いました。

◎2期目（1～3月）

基礎体力がある程度ついてきたら、次は速い動き、そしてこまかい動きという、卓球競技に直接活かせる「敏捷性」を鍛えるトレーニング、そしてサーキットトレーニングに移行します。

ウエイトトレーニングも行いましたが、重量としてはそれほど負荷はかけずに、軽いウエイトで速く動かすトレーニング、ゴムチューブを使ったトレーニングなどをサーキットトレーニングの中に取り入れました。他にも反復横跳びや縄跳びなどを取り入れ、行いました。

◎3期目（4～5月）

試合が毎週のように入ってくる「シーズン・イン」時期のトレーニングです。ここではトレーニングも強化よりも維持が重要で、1～3月に行っていたトレーニングの中で、自分に必要な種目を中心に取り組みながら、体調がベストの状態をキープしていくように心がけます。練習を積んでいくと腰や肩に負担がかかり、痛みが出てくる選手もいるので、各自の体調に合わせてトレーニングを行いました。

◎4期目（6～8月）

インターハイが迫ってきて、むしろ練習やトレーニングの休養日を設けます。どうしても選手たちは、試合が近づくと練習をやりすぎてしまうので、それを止めるためです。あとはストレッチなど、練習前の準備に時間をかけて、故障を防ぐようにします。

白鵬女子で行っていた、選手同士による練習後のマッサージ。疲労回復、ケガの予防に大いに役立った

ランニングは1期目は毎日のように走りますが、この時期になると1日おき、週に3回くらいにして、ペースも各自で調整し、個人のペースで行います。3年生は最後のインターハイに向けてどういう準備をしたらいいかということは、一年前の先輩たちを見てわかっているので、トレーニングにも自主的に取り組んでいました。

この時期は、練習後の体のケアがとても大切で、白鵬では選手同士で互いに7分ずつのマッサージをしていました。これが疲労回復、ケガの予防にとても役立ったのです。

重要な初対戦の相手との準備。「ミニインターハイ」は本番同様のタイムテーブル、予想される対戦相手で大会に備える

6月の関東大会が終わると、チームの編成はがらりと変わり、上級生でもインターハイにエントリーされない子がでてきます。ここから2カ月は、インターハイに出場する選手が中心の練習になり、メニューも代表メンバーとその他では変わります。

すでに述べたように、6月から7月にかけての練習では、30分くらいフリー練習をして、その後試合をします。そして最後の40分くらい課題練習をします。

そして、白鵬の練習計画の中で大事だったのは、7月末の「ミニインターハイ」です。この時期にはインターハイの組み合わせもわかっているので、5日間本番と同じスケジュールに沿ってインターハイのリハーサルを行います。起床時間、朝食、練習、そして試合のタイムテーブルに従って行動するのです。これを一度体験すれば、インターハイ本番でもスケジュールに沿って何をすれば良いのかわかっているので、落ち着いて準備することができます。シングルスの対戦相手がわかっていれば、部内で同じ戦型の選手と、同じ時間に試合をさせて、もし部内に同じスタイルの選手がいなければ、OGの選手に来てもらうこともありました。

もちろん、１００％同じようには行動できませんが、時間の経過とともにどう行動したら良いかわかっているので、本番でもあわてずに準備ができます。団体戦も対戦チームの情報を集め、オーダーに組み込んで試合をします。試合に出ない子たちも2つに分けて応援もちゃんとやらせます。父兄が見に来たら、応援に加わってもらうこともありました。

団体戦の決勝で当たると予想される有力校は、メンバーも含めて戦型は大体把握できていましたから、それに近い戦型の選手たちを揃えます。このミニインターハイにはＯＧの協力が必要ですが、ＯＧも「自分たちの時代も先輩の協力があったからこそ、良い結果が出せた」ということがよくわかっていますから、すすんで協力してくれました。

白鵬を卒業したＯＧたちはそれぞれの進路に進んでいきますが、休みの日に練習相手としてよく来てくれました。インターハイのような大きな大会の前には後輩たちに自分の体験談、成功例を話してもらう時間も作りました。現役の部員たちにとっては、先輩たちの話を聞くことで、不安の解消や、自信を持つことができる効果もあります。ＯＧの協力は、チームを強化していくうえで欠かせないものでした。

練習試合を組むうえでも、ＯＧがいろいろな大学に進学しているので、その大学の監督にお願いして参加させてもらいました。団体での練習試合はあまりやらず、シングルスやダブルスの練習試合をひとり10試合くらい、なるべく多くやってもらっていました。白鵬に勤めたばかりの頃は、卒業生もまだ少ないので、相模工大附高（現・湘南工大附高）や武相高など、県内の強い男子高校生と練習試合をしてもらいました。ある程度は良い試合をやりますし、男子の選手たちにとっても「女子選手には負けられない」という緊張感の中でプレーするので、お互いに良い練習になりました。

新チームで決めるべき3つの役割「キャプテンとチーム内の役割分担」「団体戦のラスト」「ダブルスのペア」。

白鵬では、卓球部のキャプテンは基本的に三年生で一番強い選手を指名していました。ただし、キャプテンはチームをまとめなければいけないので、チームメイトとの信頼関係が重要です。卓球の成績は二番目、三番目でも人望の厚い子をキャプテンに指名したこともありました。

キャプテンは2年の夏のインターハイが終わったら代替わりで、9月から新体制になるので、2年の4月くらいからキャプテン候補の子には話をしていました。「君を次のキャプテンにすることを考えているから、今のキャプテンをよく見て学んで、ちゃんと下級生から慕われるようになってほしい」と伝えるのです。

加えて準備をしなければいけないのは、団体戦のラストを任せる選手を誰にするか、というこ

異質型ながら堅実なプレーで、重圧のかかる団体戦のラストでも確実に得点を重ねた堀越芳江。1986（昭和61）年のインターハイ団体優勝メンバー

とです。これも9月に部が新しい体制になって、その年内くらいにはある程度目星をつけるようにしました。ラストを任せる選手には、普段の練習でも団体戦のラストを想定し、精神面や戦術の準備をさせました。

団体戦のラスト向きの選手というのは、どちらかというと相手にとってやりにくいタイプの選手です。自分からバンバン打っていくミスの多い選手はあまり向いていません。今までで最高のラストの選手は、千葉県成田市から入学した堀越家の三姉妹の一番下の堀越芳江という子でした。バック面が表ソフトの異質の選手で、背も低いし、派手なプレースタイルではなかったですが、どんな試合でも決してあきらめずに粘り強いプレーで得点を重ねていくタイプでした。すごいプレーはしないけれど、変なミスはしない、そして動じないというプレーヤーがラストで結果を残す選手だと思います。

女子ナショナルチームでは、団体戦のラストに適していたのは平野早矢香選手。国際大会の大舞台で、大きなプレッシャーの中で戦うわけですから、「ラストは私に任せてください」と言えるくらい、ハートの強い選手が良いのです。北京五輪の香港戦ラストで、三連敗中だった帖雅娜を破った平野選手の精神力は素晴らしいものでした。

そして団体戦で非常に重要なダブルスは、ミスが多かったら絶対に勝てない種目です。それぞれにプレーの特長がある中で、積極的に攻める選手同士で組ませるよりも、片方は決定打の威力はなくても、ミスなく確実にコースを突いてチャンスを作れる選手、もう片方は積極的に攻める選手でペアを組むなど、ペアリングには注意すべきでしょう。私がよく言うのは、ダブルスは「1＋1＝2」では勝てないということです。「1＋1」が4にも5にもなるペアが理想です。常に自分の役割を考え、パートナーの力を引き出すことを考えてプレーするという姿勢が必要です。

私が白鵬で指導していた時期は、選手層がかなり厚かったので、エースは実力が頭ひとつ抜けていたとしても、2番手以下はそれほど実力が変わらないケースがありました。その場合、団体のシングルスに出場しない5番手をダブルスのみに起用するのです。その選手はダブルス中心の練習になります。他の選手がシングルスの練習をしている間も、ダブルスのレシーブや3球目などダブルスの状況設定に特化した練習をしました。1・2番手同士で組むより、ダブルスに特化して練習した5番手の活躍により、強いダブルスが組めるケースがあるのです。

「インターハイの団体戦はダブルスがとても大事だよ。ダブルスを取ったチームがだいたい勝つんだよ」ということを説いてやれば、どの選手もダブルスの練習を意欲的にやります。また、ダブルスの練習はシングルスの動きにもプラスになりますし、レシーブ練習はシングルスでも生きてきます。逆にダブルスはシングルスの練習だけしていてもうまくなりません。そのように伝えてやれば、選手も納得してダブルスの練習に取り組めるでしょう。むしろ、選手それぞれの役割が漠然としているよりは、「ダブルスでチームに貢献しよう」という意識が芽生えて、意欲的に練習できるのではないでしょうか。

ダブルスのペアリングは、入れ替えたりしながら試す時期が必要です。ずっと練習を見ていればダブルス向きの子が誰なのか、自然に見えてきます。基本的には凡ミスが少なく、しっかり動ける子です。インターハイを見据えたダブルスのペアリングというのは、6月の上旬に関東大会があるので、インターハイ用のペアリングでエントリーして、仕上がりを見ることが多かったように思います。

白鵬で指導した中では、1983（昭和58）年のインターハイは秋山真樹子・布施江津子という攻撃とカットの変則ペアと、橘川美紀・高橋真由美という右ペンドライブ型と左の攻撃型のペア、このふたつのペアが二枚看板でした。

右ペン前陣攻撃の秋山真樹子（右）とカットの布施江津子の変則ペア。緊張感のある団体戦で強さを発揮した

関東大会もインターハイも個人戦は橋川・高橋ペアが優勝しましたが、団体戦では一度も起用せず、すべて秋山・布施ペアを起用しました。攻撃とカットで組むペアリングというのは少なく、相手ペアが非常にやりにくそうにしていたからです。橋川・高橋ペアは強いのですが、オーソドックスな攻撃ペアなので、団体戦の独特な緊張感の中では秋山・布施という異色のペアリングを選びました。秋山は前陣主体のプレーで、スマッシュもブロックも上手なので、カットとのペアに向いている選手でした。

キャプテンにする選手、団体戦でラストを任せる選手、そしてダブルスのペアリング。インターハイを終え、9月から新チームで戦ううえでは、まずこの3つを決めることが重要でしょう。

マネージャーを置かないのが白鵬のやり方。「上級生が見本を示す」という伝統

インターハイでは団体戦のレギュラーは７名。そして下級生が強ければ、上級生でも団体戦のメンバーに入れない子もいます。上級生には上級生の立場がありますが、試合では実力のある下級生が出るわけです。

チームとしてはみんな同じように必要性を感じさせつつ、競争の中で団体のレギュラーに入れなかった上級生の扱いをどうするか。６月のインターハイ予選が終わって、３年生でインターハイのベンチ７人に入れない子を部の係の中で重要なポストにつけました。それは食事の「献立係」です。インターハイまで２カ月、選手の体調をなるべく良い状態で迎えるためには食事は重要なので、「これからの食事の献立を君に任せる」と伝えます。選手たちの要望を聞きながら、偏らないように献立を考える大切な仕事です。夏場は練習で汗をたくさんかくので、水分補給が多くなり、おのずから食欲が減退気味になります。

私は部にマネージャーは置かず、食費や部費などお金を管理する「会計係」、試合記録のノートを記入する「記録係」、選手のケガや故障に対処する「保健係」、寮の備品が不足したり、壊れた時などに対処する「備品係」、そして誕生日会などを計画する「ホームルーム係」など、いくつ

かの係を作り、3年生をそれぞれの係の責任者に就かせ、その下に2年生・1年生を置きました。そうすることで毎年係の仕事が伝承されていくのです。部の中での「縦」の関係と、同じ学年での「横」の仲間づくり。縦と横をうまく使って部をまとめていました。

お金の管理は会計係の担当です。食費は1日3食で1000円換算で毎月3万円ずつ徴収、人数が多いので結構な金額になります。金銭出納帳をつけ、毎月の終わりに私が点検し、印鑑を押します。金庫のカギは会計係しか開けられないようになっていました。家からの仕送りのお金についても、必要な分だけ各自で持つようにして、残りは金庫に入れるようにしていました。

マネージャーを置かない理由は、このようにみんなで仕事を分担しあい、存在感を持たせることでした。全員が卓球が強くなりたくて入部してくるわけですから、ひとりだけ犠牲になってみんなのために働くようなことはさせたくなかったのです。

練習前の準備も1年生から3年生まで、必ず全員でやっていました。練習前に上級生は部室で休んでいて、下級生だけが準備をするようなチームもありますが、むしろ試合に出る上級生こそ積極的に準備をしなさいと言っていました。それが試合で主力として戦う選手の大切な意識だと思います。それもチームとして伝統になってしまえば、大きな問題はありません。何かにつけ、「まず上級生から見本を示す」ということです。これはマラソンの瀬古利彦さんを指導した故・中村清さんの教えを本で読んだのがきっかけで、中村さんも選手たちが走るグラウンドの整備は、上

白鵬女子高時代の寮生活の様子。部員全員に係の仕事を持たせて仕事を分担し、マネージャーを置くことはしなかった

級生に率先してやらせていたそうです。

また、高校3年の選手は夏のインターハイが終わると、練習は休みになることが多いと思います。この時期、自由に遊んでしまって体重が増加し、大学に入学して練習についていけなかったり、新入生として苦労するケースもあるようです。白鵬の場合は、インターハイが終わってチームの主力は下級生に移りますが、上級生も必ず練習には参加し、練習の半分は自分の練習、残り半分は下級生の練習相手を務めてもらいました。インターハイ終了後から卒業まで、自分の得意な技術を下級生に教えてもらうのです。どの選手も人には負けない武器を何かひとつは持っていますから、3年生ひとりに1・2年生が数人というグループを作って指導をしてもらい、一定期間でローテーションしていきます。そうすると下級生たちはグ

ンと強くなります。そして3年生には教えることの体験をさせるのです。

3年生の選手たちも卓球で進学したり、就職する子ばかりですから、高校を卒業して新しい環境に移った時、実力がガクンと落ちているのは恥ずかしいことです。「新しい環境に備えて、練習はしっかりしておきなさい」と言ってやれば、納得するでしょう。その中で、時々は3年生だけを寮の近くの中華食堂に連れて行って、日頃の下級生指導の労をねぎらうこともありました。

「自己新記録を出そう」が合い言葉。努力の成果を評価する

卓球は、安定志向の選手がチャンピオンになることは難しいスポーツです。自分と同じくらいか、下のレベルの選手には勝ちやすいですが、自分より上の選手に勝つ確率は低いです。安定志向のプレーは、ミスで自滅することは少ないかもしれませんが、得点力が低いからです。ですから、守備型やラリー型の選手でも、サービス＋3球目攻撃は身につけたいものです。

終盤での決断力、リスクを冒しても相手の裏を欠いていくプレーというのは、試合が終わった後で「どうして勝てたのか」を解説することはできますが、試合中に判断することはなかなかできるものではありません。

それでも、プレーが安定志向だからといって、指導者はあきらめるわけにはいきませんし、どんなプレースタイルでもチャンピオンになってほしいという思いはあります。

学校のテストでも、いつも50点くらいしか取れない子もいれば、90点を取る子もいます。50点を取る子が勉強して、70点や80点を取ったとしても、90点取っている子にはかないません。しかし、結果を比較すれば劣っていても、努力の成果は認めてあげたいものです。

私が白鵬で指導していた時、インターハイで12年連続で決勝に進みましたが、その中には戦力的には「ベスト8に入るのが精一杯かな」という時もありました。それでも何とか頑張って決勝まで進んだわけですから、優勝できなくても素晴らしい成績でした。

指導者の中には、「今年のインターハイはメンバーが揃っていないから、やる気がしないよ」などと言う人もいます。しかし、選手たちにしてみれば、インターハイは一生に一度か二度です。たとえ負けたとしても、一生懸命指導をして、精一杯練習して、それでも良い成績が残せなければしかたのないことです。

特に高校の部活の場合は、勝ち負けがすべてではないのです。卓球は記録で争う競技ではないですが、自分の今までの試合以上に内容のある試合、つまり自己新記録を出す、という姿勢が重要です。

新入生をサポートするアドバイザー制度。チーム内の人間関係をどう調整するか

白鵬の卓球部は三年間、親元を離れての寮生活。中学時代の生活とは180度変わります。慣れない新入生をサポートするために、上級生の「アドバイザー」という制度を設けていました。

たとえば1年生が5人入部してきて、2年生が5人いたら5つのペアを作ります。Aという1年生にはBという2年生がアドバイザー、Cという1年生にはDという2年生がアドバイザー、というようにペアを作って、1日の生活の中での雑用などを一緒に行動しながら教えます。

中学から高校に入ってきて、新入生は学校生活や卓球部の練習などの面で、わからないことも多いものです。何か聞きたいことがあった時に、すぐ聞ける身近な人を決めておいたほうが安心して生活ができます。2年生が集団で1年生を指導していた時もありましたが、上級生でも人によって言うことが違う場合があり、誰の言うことを聞けばいいのか迷ってしまいます。グループ対グループよりも個人対個人のほうが良いコミュニケーションができると感じました。

部活動では、時として「いじめ」のような事態が発生することもあります。私は上級生には「お姉さんなのだから、下級生は妹だと思っていたわってやり、信頼されるようにしなければダメだよ」、下級生には「上級生は決して憎いと思って注意するわけではないのだから、言われたこと

はちゃんと聞かなければいけない」と言っていました。

些細な揉めごとは時々ありましたが、その都度話し合い、険悪な関係が長引かないようにしていました。選手たちには練習日誌をつけさせ、週に2回提出させていましたが、この日誌が私と選手たちのパイプ役で、選手たちは悩みやトラブル、やりたい練習等を書いてきました。私も解決策をいろいろ考え、返事を書いていました。

たとえば、「親にあまり会いに来ないよう言ってください」という悩みを書いてきた子がいました。その親は子どもが寮に入ってしまうと会えなくなり、寂しくなって、平常心では来づらいので、ちょっとお酒を飲んで来たりするわけです。あまり頻繁に来るようだと、子どもは嫌な思いをして、悩みの種になり、その子は円形脱毛症になってしまいました。この時はカツラを買ってしのぎましたが、子どもは親離れしているのに、親が子離れしていないというケースです。

選手たちの集団脱走もありました。練習をやるはずだった日曜日に、ある学年が全員抜け出して、東京タワーに遊びに行ってしまったのです。叱られるのを覚悟で帰ってきましたが、そういうケースでは大体ひとりかふたりの首謀者がいて、周りの子も付き合わざるを得ないという状況になるのです。

また時々、伸び悩んだり、練習についていけないと感じて「卓球部をやめたい」と言ってくる子もいました。同じクラスで、卓球部以外の友だちと自分を比べてしまって、「日曜日に映画を観てきた」とか、「ディズニーランドで遊んできた」とか、そういう楽しい話を聞くとうらやましく感じてしまうのです。寮にはテレビは一台しかなく、自分でチャンネルを決めることはできません。自分がクラスの友だちと比べて惨めな生活、楽しくない生活だと感じてしまうのでしょう。そういう時は大学や実業団で活躍している先輩たちの話をして、「あれが君の将来の姿だよ、もう少し我慢してみないか、必ず先に喜びが待っている」と説得に当たります。

上級生でレギュラーになれない子がいると、どうしても僻《ひが》む気持ちが出てきます。だから選手たちの扱いもなるべく平等にして、私が球出しをする多球練習もなるべく、レギュラーもレギュラーではない子も平等にしてあげるように心がけました。女子選手はそういう部分には非常に敏感ですから、常に平等感は持たせるように注意していました。

大きかった細矢渡会長と父母会のバックアップ。遠征費や交通費を削減する様々な工夫

白鵬卓球部の父母会は、日産自動車卓球部の初代監督である細矢渡さんに長く会長を務めていただきました。きっかけは細矢さんの娘である細矢順子（81年度全日本ジュニア優勝）が学校（当時は京浜女子商業高）に入学したことです。他の父母とも話し合い、父母会設立の機運が高まり

白鵬女子高が50年連続のインターハイ団体出場を果たした、05年成田インターハイでの集合写真。後列右端が長く父母会会長を務めた細矢渡さん

ました。卒業したOGの父母も、全日本などの大会に応援に来て、一緒に応援してくださることもありますが、中心は現役の子どもたちの父母です。ただ、父母会の会長だけはずっと細矢さんが務めてくださいました。

それまでも父母の方は大会の応援に来てくださっていましたが、バラバラに会場に来て、自分の子だけの応援でした。父母会の結成をきっかけに、自分の子どもだけでなく他の子どもも応援したり、何か要望があれば会長を通じて私に伝えてくださり、私にとっては大きな力になりました。

経済的なバックアップも非常に大きく、それまではかなり身銭を使っていましたが、父母会費という形で援助してもらうようになり、練習試合に行く時の交通費等に使いました。卓球部では年に2回保護者会を計画し、父母会費はその時に集めてくださいました。だいたい半期6カ月分でひとり3万円くらいで、それでも部員が15名いれば45万円になります。遠征費や補食などにありがたく使うことができ、もちろん次の父母会の時に会計報告をしました。

やはり一番助かったのは交通費です。白鵬の場合、インターハイに出場するレギュラー組は移動の体力的な負担を考え、先に飛行機で現地に入り、後発の応援部隊は斉藤勇一部長運転のマイクロバスでの移動。大会応援の交通費は父母の方は自己負担で、マイクロバスで一緒に行ける方は交通費負担なしで移動してもらいました。日産自動車さんから新型マイクロバスを1台寄付していただき、そのバスで移動した時期もありました。

帰りは基本的に現地解散ですが、親御さんが車で来ている選手は、その車で現地から帰省し、学校に帰る選手は全員マイクロバスで移動しました。交通費の節約には車は重要でした。優勝した時は帰りのバス内でみんなで歌を唄いながら、私と部長の斉藤先生が交互に運転しました。

限られた費用の中で、1年生の試合に出られない子にもインターハイという大舞台を見せてあげたいし、雰囲気を味わわせてあげたい。だから移動はマイクロバスで交通費を節約し、現地での宿泊も子どもたちの親に、大会の開催地に親戚がいないかを聞いて、可能であればその親戚の家に数人泊めていただく。3泊か4泊くらいのものですが、ホテルに宿泊することを考えれば金銭面での負担はずっと軽くなります。食事は外食、布団は貸布団、お風呂は銭湯、「とにかく寝る場所だけお借りできればいいですから」ということでお願いしていました。

今でも卒業生の保護者の有志とは年に1回、栃木の那須にあるホテルへ旅行に行っています。最初は15人くらいいましたが、最近は10人くらいに減ってしまったので、古い代の卒業生にも加わってもらっています。昔話に花が咲きます。

細矢会長がまとめてくださったおかげで、保護者の皆さんはいつも私に協力的でした。組織として団結力があり、常に協力的で、いわゆる「モンスターペアレンツ」に悩まされることもありませんでした。白鵬で指導した41年間で卓球部卒業生が約350名、そのうち姉妹で入学した子が16組、三姉妹が5組、四姉妹が1組いました。四姉妹は森藤さんで、四番目が2年生の時、ちょうどインターハイ50年連続出場の年。そこで卓球部がしまい（笑）になりました。

白鵬の選手勧誘とリクルート。「どなたが指導した選手なのか」と、地元選手・指導者とのつながりが重要

チームに伸びしろのある選手が入ってほしいという気持ちは、どんな指導者も持っていると思います。それはチームを強くするうえでは重要なことです。私が重視していたのは「誰が指導した選手なのか」ということです。指導者の評判もいろいろと耳に入ってきますが、きちんとした

心の指導を受けた選手であることを重視していました。

白鵬で寮生活をして、「心の器」を大きく、強くして、2年生や3年生になって技術を詰め込む。特別なことは何もありません。そういうやり方に賛同できない親御さんには、他の学校への進学を勧めました。「その代わり、預かったからには責任を持って育てます」とあらかじめ言ってしまうのです。

白鵬に入学した選手たちは、インターハイが終わって現地解散になり、帰省した時に地元のチームや母校の中学校の練習に参加したりします。そこで彼女たちが「白鵬に行って良かったです」と言ってくれれば、私が勧誘でどんなうまい話をするより説得力があります。中学やクラブの指導者も、「また白鵬に選手を送ろう」という気持ちになってくれます。「もう白鵬に選手を入れないほうがいいですよ」と言われるようでは、指導者との信頼関係を築くこともできません。

中学の指導者とのつながりを大事にするうえで、「何をすれば一番喜んでもらえるか」と考えて、毎年の暮れに白鵬杯という中学生の大会を、白鵬の体育館を使って開催するようにしました。全日本が終わった直後（当時）の12月27・28日くらいです。基本的に関東一円の中学校で、熱心な指導者と選手が出場します。

一泊二日の大会に、男女でおよそ600人くらいの参加者がありました。その参加者が家に帰って白鵬杯の様子を話す事を考えれば、非常に大きなPRになります。実際に白鵬という学校をその眼で見てもらえるわけですから、学校見学ということにもつながります。この白鵬杯に参加した中学生の中から、白鵬に入学した選手もたくさんいます。

大会の開催にあたっては、遠い中学の選手たちは貸布団を借りて、白鵬の教室にござを敷いてそこに寝泊まりしてもらいました。宿泊費の節約です。指導者の先生方も校内に泊まり、夜は指導者の交流の場を作りました。先生たちは畳の部屋や、特別教室に布団を敷いてもらって、いつも30人くらい寝泊まりしていました。宿泊者には翌日の朝と昼の食事を用意しましたから、選手たちの保護者にも協力してもらう大仕事でした。また、貸布団を3階の教室まで運び上げるのも重労働で、これは白鵬の部員の仕事でした。

白鵬杯は12月末の開催で、初日が交流試合と練習、翌日が大会という日程でした。参加した学校は1泊2日で団体戦が10試合くらいできました。夜は近くの中華料理店からギョーザ等を取って先生たちの懇親会を開いて、貴重な情報交換の場になりました。大会の要項の発送などは、すべて神奈川県の中体連の先生方がやってくださって、我々は大会の場と宿泊場所を用意する役割でした。

県の中体連と協力しながら大会を開催し、いろいろなつながりもあったので、地元の中学の子も大事にしようという姿勢でした。白鵬に入る1年生のうち、半分は地元の中学から入学させることを考えていました。

現在は白鵬杯は「近藤杯」という名前になり、変わらず神奈川県の中体連の先生方が主管しながら、横浜文化体育館に場所を移して存続しています。毎年の年末、50台の卓球台で行う盛大な大会です。白鵬杯の時代も、最後のほうは白鵬の体育館だけでは間に合わなくなり、近所の中学校の体育館も借りて開催していました。

チームの「サポーター」を増やそう。自分ひとりの指導では限界あり

白鵬時代は、常に「インターハイ優勝」という大きな目標がありました。毎年、そのための努力を重ねていく中で、何もかも自分ひとりでやろうとするより、周りの方に協力してもらったほうが良い結果につながるということに気づきました。それからは、「周りの方の協力をどのようにして得るか」ということも考えていきました。

白鵬は寮生活で、しかも選手たちが自炊していましたから、学校の周りのスーパーマーケットや商店の方に協力していただいて、なるべく安い食材を購入する。また、賞味期限が少し切れた品物で、まだ食べられる食材や牛乳を無料でいただいたりして、選手たちは助かりました。

選手が風邪を引いたり、病気になった時には近くの病院の先生にもお世話になりました。寮生

活ですから、ひとりが風邪を引くとすぐに他の部員にも広がってしまいます。そこで先生にお願いして、誰かが風邪を引くとすぐにその病院に入院させてもらい、入院費はかなり安くしてもらっていましたし、食事も出してくれるので助かりました。風邪というのはひとり目をすぐに隔離できれば、大きく広がることはあまりないものです。選手が捻挫をしたり、体調を崩しても病院が近くにあるので親御さんも安心できたと思います。

また、卓球部が全国区で活躍していると、「なんで卓球部だけ特別扱いするのか」と言う同僚の先生もいました。入学式等、学校で行事がある時は体育館にイス出しをしたり、マットを引いたり、玄関を掃除したりと卓球部員が率先してやりました。寮生活をしていますから、行事の前日でも遅くまで準備を手伝うことができるのです。そういう面での卓球部員の協力を見ているので、先生たちの多くは卓球部への理解がありました。

私にとって、職場の同僚である先生方を味方にするか、あるいは敵に回してしまうかというのは大きな違いでした。先生方の中には、「自分が教えている子たちが大会に出ている」ということで全国大会会場まで応援に来てくださる方もいて、大会が終わった後は一緒に食事をして距離が縮まっていきました。テスト前に補習を頼んだり、珠算や簿記の検定試験で補習をお願いするようなこともありました。

歴代の校長先生の中にも「卓球部は特別だ」と言ってくださる校長もいれば、部活動にはあまり理解がなく、車での遠征や試験期間中の練習について「絶対にダメだ」と否定的な方もいました。基本的に事なかれ主義で、「生徒は早く家に帰すように」と言われましたが、卓球部としては下校時間が終わってからが勝負です。

私の指導方針のひとつが勉強と卓球の両立。車でたとえるなら両輪で、どちらがおろそかになってもいけません。「選手たちは卓球が強くなりたくてこの白鵬に来ているんです、勉強と卓球は両立します」と校長を説得したこともあります。卓球部が置かれている状況や、これまでに積み上げてきた伝統などを粘り強く説明して、納得してもらいました。

自家用のマイクロバスでの移動も怒られました。自分としても、交通ルールを守っていても事故に巻き込まれることもあるかもしれないから、遭遇しないよう、細心の注意をして運転していました。保護者にも「十分に注意して運転するけれど、不可抗力の事故の時には勘弁してもらいたい」とあらかじめ話していました。幸い、無事故で運転できたことは大きな喜びでした。

私が白鵬での指導を始めた頃は、卓球部も様々な問題を抱えていて、部の成績はガタ落ちでした。もちろん卓球部の寮もありませんでしたから、空いている教室に畳を引いて、食事も全部自分たちで用意するような最低限の生活でした。そういう指導を続けながら、少しずつ成績を残し、インターハイでの成績が上昇していくにつれて、周りから「もう少し良い環境を整えてやろう」という声が上がってきたのです。

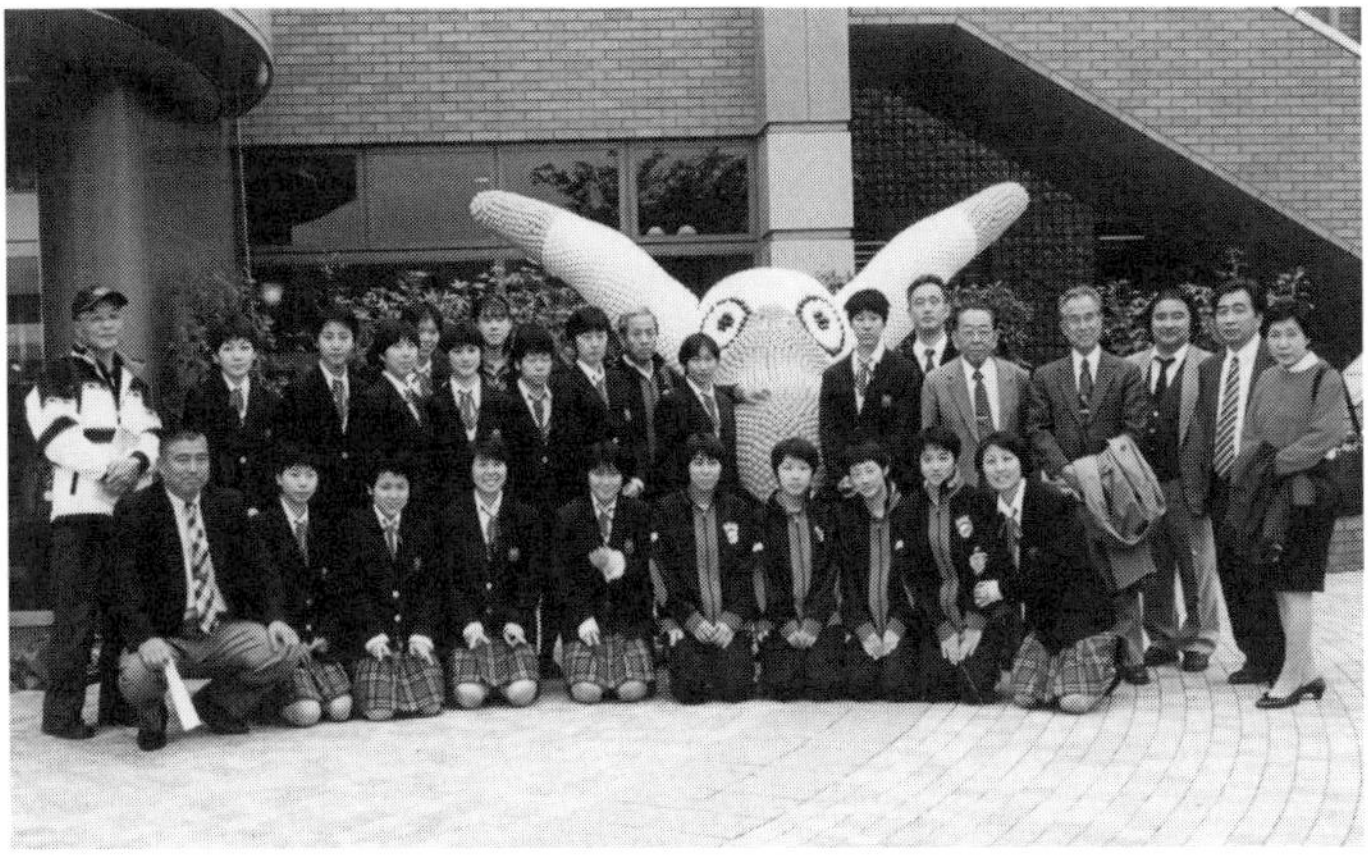

1998（平成10）年に神奈川で開催された『かながわ・ゆめ国体』。地元開催ということもあり、多くの教職員や保護者の方が応援に駆けつけてくれた

若い指導者の中には、「うちは環境が良くない」「（学校の）理解がない」と言われる方もいますが、まず実績を作らなければ、なかなか環境は整いません。厳しい環境の中でコツコツ積み重ねて、少しずつ成績を挙げて実績と信頼を作っていけば、「もう少し良い環境を」という理解者が必ず現れます。手抜きも伝わりますが、一生懸命やっていることも必ず伝わる。環境を整えてから実績を作っていくのではなく、実績を残していくことで環境が整っていくのです。どうしても一定期間、地道な努力が必要な時期はあります。

私は大した教員ではなかったと思います。教員会議の間も練習のことばかり考えて、「早く終わってくれれば……」と思っていました。最近は部活動での指導が教師の負担になっているという報道もありますが、教師としての喜びというのは、勉強を教えているだけでは得られないものだと私は感じています。深い信頼関係が生まれて、卒業後も結婚式に呼ばれたり、相談にやって来たりするのは部活の生徒です。勉強を教えていただけのクラスの生徒だと、なかなかそこまでの絆は生まれません。

そしてクラス担任で、授業を教えながら卓球の指導をしている方には、5年や10年という年月を経なければ、指導の喜びは返ってこないということも心してもらいたいと思います。そこが我慢のしどころで、そして教員という職を選んだからには、人間的なつながりがあって初めて喜びが得られる仕事と考えてほしいと思います。

横浜隼人中・高卓球部の強化専任スタッフで、私の日産自動車時代の先輩でもある小林秀行さんと話をした時、「今の指導者は10年我慢できない」という話をされていました。教え子の選手たちが卒業し、就職して、結婚して家庭を持って、やがて高校時代を振り返った時に、「あの時の先生の指導があったから、今の私があります」「こうして頑張っていられるのです」と言ってくれれば、指導者の3年間の苦労は報われるのだと思います。

第5章

言葉の力

「魔法の手」を持つドクターの言葉。「魔法の口」を持つための努力

選手が試合で最大限の力を発揮するためには、ベンチでの指導者のアドバイスが重要です。それによって選手の心理状態も大きく変わります。

私は若い頃は、冷静な判断ができず、怒鳴り声で欠点を指摘することが多くありました。言った自分はスッキリするけれど、選手の気持ちは落ち込み、良いパフォーマンスにつながらなかったと思います。今考えてみれば赤面の至り。アドバイスというのは選手の良いパフォーマンスにつなげるためのものです。選手の心理状態やアドバイスの中身を吟味して、「選手が安心してプレーできる」ことを最も重視して言葉がけをしなければなりません。

経験を積みながら、選手の性格や心理状態を考え、アドバイスをするようになりました。言葉によって相手の受け止め方がこんなに違うものなのかというのを実感したのが、私が病気をした時の先生（医師）の言葉です。病人というのは精神的に落ち込んで不安な状態です。それをさらに落ち込ませるのか、あるいは少しでも気持ちを癒《い》やして安心させるのかは、かける言葉によってずいぶん違います。

女子ナショナルチームの監督として、2001年の大阪での世界選手権を前にして強化合宿

等をしていた時のことです。地元・大阪開催の大会であり、良い成績を残して卓球が少しでもメディアに取り上げられてメジャーになれるようにと、メダル獲得を最大の目標にしていろいろ考えて強化していました。その矢先、少し運動すると左胸あたりが息苦しいと感じるようになって検査を受けたところ、心臓の疾患が見つかり、手術を勧められました。

それから飛行機に乗って海外遠征に行く予定もあり、機内で発作が起きたら大変です。大阪大会に向けて相当気合いが入っていましたから、心臓の手術を勧められた時は大きなショックと落胆、そして不安を感じました。

この時、手術する前に担当の先生が私に手を見せながら「私はこの手で飯を食ってるんですよ。あなたの手術は99％は大丈夫です。残りの1％は胸を開いてみないとわからない」と言ったのです。心臓外科医の南淵明宏先生で、日本で三本の指に入る有名な先生です。

普通の医者であれば、「大丈夫だと思います」というように少し含みをもたせた表現になるのでしょう。ところが南淵先生は「大丈夫です」と断言された。その言葉で私は手術に対する恐怖心がなくなり、すーっと楽になりました。

そして何よりもうれしかったのは、「手術を受けて10日で社会復帰していいですよ」と言われたことです。心臓の手術は大変な手術だと不安に感じていましたが、南淵先生の言葉によってとても安心しました。普通、心臓のバイパス手術は心臓を止め、人工心臓に切り替えて行うそうですが、南淵先生は心臓を止めないで手術する方法で、ちょうど車のレースでピットインした車のタイヤ交換を手早く行うように、すばやく手術するとのこと。心臓を止めない手術のほうが後遺症が残りにくく、余病が出にくいなどのメリットがあるそうです。

私の兄弟も心臓の手術をするということで心配して見舞いに来てくれましたが、私が安心して「早く手術をやってほしい」という感じで、意外なくらい明るいのでビックリしていました。自分にとっては大阪大会でメダル獲得という大きな目標があって、それを実現できなくなるのではないかという不安が、先生の言葉の力によって一気に晴れたわけですから。

南淵先生は「魔法の手」を持っていると言われていましたが、それなら私は「魔法の口」を持てるように努力をしようと決心しました。言葉のマジックで、もっともっと選手の力を発揮させてやりたいと思ったのです。

平野早矢香選手と福岡春菜選手。選手の性格によって、言葉がけも変わる

ベンチでの言葉がけで第一に考えるべきことは、選手が安心してプレーできることです。試合前の選手の不安や緊張を、ゼロにすることはできませんが、良いパフォーマンスができる適度な

08年北京五輪の銅メダル決定トーナメント2回戦、ラスト起用の期待に応え、それまで勝ったことのない帖雅娜（香港／奥）に勝利した平野選手

緊張状態に保ってやることです。

選手は性格によって、試合の結果を期待したほうがやりがいを感じて良いプレーができるタイプと、結果を期待しすぎると大きなプレッシャーになって良いプレーができないタイプがいます。

女子選手の場合、前者のタイプの選手は10人にひとりいるかどうかですが、たとえば平野早矢香選手は結果を期待したほうが頑張れるし、期待されていることを意気に感じ、プラスアルファの力が出る選手です。石川佳純選手もそういうタイプでしょう。

2008年の北京五輪・銅メダル決定トーナメント2回戦で香港と対戦した時、私はラストの重責をキャプテンである平野に託しました。この時に彼女の性格を考え、ラストの試合に入る前に「いよいよ出番が来たよ！」というモチベーションを高める言葉がけをしました。そして、平野はそれまで3回対戦して、一度も勝ったことがない香港のエース帖雅娜に、踏ん張って3－0で勝ってくれました。「さすが平野だな」という感じがしました。

一方、同じ北京五輪代表でも福原愛選手や福岡春菜選手は、まじめで責任感が強く、結果を求めるとプレッシャーが大きくかかってしまうタイプでした。

特に福岡の場合は「勝ってチームに貢献したい」という意識が強いので、余計なプレッシャーにつながっていたのです。そこで私は「君はもう十分に期待に応えているんだから、今の実力をそのまま出せばいいんだよ」という言葉がけをしました。そして「結果より、次の一本に集中しよう。内容で迷いや悔いが残らないよう、一本一本考えて戦おう」と伝えました。福岡タイプの選手は、結果のことはあまり考えず、一本一本のプロセスに集中させたほうが良いのです。

もうひとつ、今でも印象に残っているベンチコーチでの言葉がけの経験があります。２００１年の世界選手権大阪大会、メダル決定戦のルーマニア戦です。5回目の世界選手権の監督で、何とかメダルを取って最後を飾りたいと思っていました。そして2－2になって、ラストで高田佳枝選手対バデスク。当時は21点制の3ゲームズマッチで、1ゲーム目は高田が先取し、2ゲーム目を落とし、3ゲーム目は前半でリードされていた。私はタイムアウトのタイミングを考えていました。

彼女も責任感が強くて、結果を求めるとプレッシャーを受けてしまうタイプでした。３ゲーム目の３－７でリードされて、高田のサービス権になったところでタイムアウト。その時に言ったのが、まず精神面では「メダルがかかった大事な試合だけど、高田さんらしい試合をしよう」。そして技術面では、「あなたは安全策を考えて、小さいサービスばかりになっている、長いサービスを出して、自分の特長が出せる前進回転のラリーにしよう」とアドバイスしました。そして結果的に、21－13で逆転勝利を収めることができたのです。

これは自分のアドバイスで流れが変わった例として、深く記憶に残っています。最初に精神面のアドバイスをして、少し心を落ち着かせて、戦術面のアドバイスをしたのが良かったのだと思います。

2001年の世界選手権大阪大会、女子団体準々決勝ラストでバデスク（ルーマニア）に逆転勝利を収めた高田佳枝選手

選手が「かけてほしい言葉」と「言ってほしくない言葉」。ベンチコーチは、1分間をどう使うか

2008年の北京五輪の前、代表選手たちに良いパフォーマンスをしてもらいたいと思い、福原愛・平野早矢香・福岡春菜の3選手とミーティングを行って、試合中に「かけてほしい言葉」「言ってほしくない言葉」を聞いたことがあります。

その結果、「かけてほしい言葉は特にないけれど、冷静に対戦相手を分析した情報がほしい」とのことでした。また、「戦術的な面だけでなく、メンタル面で自分をコントロールするうえでの手助けになる言葉がほしい」と言われました。

平野の場合は、「私がアドバイスをする前に自分の話を聞いてほしい。その後、補足のアドバイスがあればしてほしい。そして背中を押してもらいたい」と言っていました。選手はコートで自分の作戦に対し、「これでいいのか」という不安を抱えているものです。それを聞いたうえで、「こうすればもっと良くなるんじゃないか」というポイントを付け加えることはありました。

言ってほしくない言葉は三人共通で、「集中して」という言葉でした。自分は十分集中しているから、ということでしょう。ただ面白いことに、その三人がベンチからの応援になると、「集中して」という言葉を口にしていたことです（笑）。自分では言われたくないことを、ベンチで

の応援の時は無意識のうちに言ってしまっていたのです。

ベンチコーチをするうえで、私が心がけていることは「1分間を全部自分でしゃべらない」ということです。選手にも考えをまとめさせる時間、アドバイスを整理して戦術を頭の中でまとめる時間が必要です。残り10秒か15秒でもいいので、私は少し早めにアドバイスを切り上げ、選手が考えをまとめる時間を作っています。

北京五輪の時は選手と話し合い、私が30秒、選手同士で15秒、最後に考えをまとめる時間を15秒、合わせて1分というのをおおよその目安にしていました。30秒は短い時間ですが、戦術面のアドバイスがひとつ、メンタル面のアドバイスがひとつ、それぞれ具体的かつ簡潔にアドバイスすることに努めました。

また、福原愛選手の場合、「言ってほしい言葉はないけれど、いつも自分を見ていてほしい、自分がベンチを見た時、よそを向いているようなことはしないでほしい」というのが私への要望でした。福原はそのほうが心強く戦えるようでした。

言葉がけと同時に、指導者に「見守っていてもらう」ことも、選手にとっては安心感があるのでしょう。私が指導していた白鵬の全盛期の頃、個人戦は選手のベンチに入らず、自分で考えて試合をさせる指導をしていました。インターハイでは多くの選手が出場して勝ち上がり、シングルスでベスト8に5人入ることもあったので、そのすべてでベンチに入ることはとてもできな

筆者に対して「いつも自分を見ていてほしい」と要望を出した福原愛選手

かったのです。
　選手たちにはコートに入る前にアドバイスして、後は試合中は自分で戦術を考えさせることを重視していましたが、「ぼくは必ず会場のどこかで試合を見ているから、どこにいるかだけは確認しておきなさい」と言っていました。そしてピンチになった時に私のほうを見て、目が合った時に私が首を縦に振る。それだけで選手は安心感を持って試合ができるのです。

ベンチコーチの禁句
「自分の卓球をやってこい」

「自分の卓球をやってこい」。これは指導者がベンチでよく使う言葉です。しかし、試合では相手はレシーブから「得意」を封じてくるわけです。自分の卓球をやってこいと言われると、そこに気持ちが向きすぎて、相手が封じてきた技に対応できない。だから「攻められるボールが来た時はいいけれど、相手がそれを封じてきた時にはこうやりなさい」というように、もうひとつ言葉を添えたほうが良いと思います。自分のやりたいことがやれないケースを想定してアドバイスをしないといけないのです。「自分の卓球」にこだわりすぎると、３球目のプレーの失敗につながります。

確かにベンチにいると、「もっと自分の得意なことをやればいいのに」と思うことがよくあります。練習でそういうシーンばかり見ているからです。しかし、試合ではそうはいきません。レシーブで相手が封じてきた時、その封じ手を待ち伏せして仕掛けて、次の5球目で先手を取るというような練習が必要なのです。

「もっと攻めろ」という言葉も同様です。意識が１００％攻撃に向いてしまうと、攻められないボールが来た時の返球が非常にあまくなってしまい、先に攻撃されてしまいます。

選手のプレーが対戦相手とうまく噛み合っていない時は、気持ちの持ち方のズレや、なぜ噛み合っていないかを話します。気持ちの面では「君だけが勝ちたいんじゃない。相手も勝ちたいんだから、君のやりたいことがうまくいかない時があって当然なんだよ。だからその状況を踏まえ、戦う方法を考えてやればいいんだよ」と伝えます。普段の練習で対応力を高める練習をしていても、試合でうまくいかないとそれだけで焦ってしまう選手は多いのです。

「緊張するな」と指導者がベンチで言うと、選手は口では「ハイ」と言いますが、緊張するなと言われて緊張が解けるのなら、誰も苦労はしません。それだけでは問題の解決にはならないのです。緊張していると脈が早くなりますから、そんな時、深呼吸は効果的です。また自分の過去の体験の中から良いパターン、良い試合をした時の心理状態やイメージを思い出させるのも有効な手段でしょう。

信頼関係を生むためのテクニック。「先を読む」アドバイスが有効

「言葉の力」は、信頼関係が構築されていないと効果が少ないものです。これはたとえですが、指導者が白いカラスがいると言ったら、黒いカラスでも白く見えるくらいの（笑）信頼関係があ

れば、指導者の言葉は生きてくるし、「暗示」の効果も期待できます。

長く指導を経験してきて感じたことですが、選手との信頼関係を高めるうえで重要なのは経験年数ではなく、試合の「先を読む」能力だと思います。

私は団体戦の試合中、ベンチで選手たちによく話しかけます。卓球競技を理解させるチャンスだからです。外れることはもちろんありますが、話した内容のような試合になれば選手たちも「当たっている！」と監督を信頼するようになります。テレビの解説でも、私は結果を解説するよりも、なるべくこれから先、この試合がどうなるかということを解説するよう心がけています。それが視聴者が最も知りたいことだと思うからです。

アドバイスは考え方の一例を示しているだけですから、すべてが正しいとは限りません。結果的に勝つか負けるかはわかりませんが、その時点で得点への可能性や、相手の攻めへの対応を高める方法を言うわけです。「外れたらどうしよう」と考えずにハッキリ言えば、たとえ外れても、練習で取り組んでいれば選手は対応できます。まず選手の迷いを取り除くことが重要です。

指導者と選手の信頼関係は、いろいろな厳しい場面をともに切り抜けていくことで培われるものです。苦しい場面を乗り越えていくうちに、監督対選手という立場を越えて、人間対人間として信頼し合えるようになります。特に女子選手は心を開いて信頼関係が構築されるのに時間がかかりますが、選手のほうから指導者に悩みごとの相談に来るようになれば、その信頼関係は本物だと言えるでしょう。

女子選手の場合、集団の中で自分だけ人と違うことをやるのを嫌がる傾向があります。悩みがあってもなかなか相談に来られない選手もいますが、今はSNSなどもありますから、実際に言葉を交わさなくてもコミュニケーションを良くするツールはあります。試合のオーダーも、選手によっては早めに伝えて、心理的な準備をしたほうが良い試合ができる選手もいれば、事前に知らされるよりも、試合の始まる少し前に伝えたほうが良いという選手もいます。その使い分けも、長い経験の中で培ってきたテクニックです。

「タイムアウト」のタイミングと何を話すか。ベンチコーチに必要な能力

タイムアウトを取るタイミングは、いろいろなケースが考えられます。

2016年のJTTLファイナル4で、私が指導するサンリツと十六銀行が対戦しました。4番では阿部(現姓:張本)恵が加藤杏華選手と対戦。阿部は当時、加藤選手に3連敗していて、少し苦手意識がある相手でした。私は試合前に、1ゲーム目からでもタイムアウトを取ろうと考えていました。苦手意識がある相手に対しては、1ゲーム目を取ることにより、少しでも心理的

2016年のJTTLファイナル4、苦手としていた加藤杏華選手（十六銀行）に勝利した阿部恵（奥）

に優位に立てる、勝つチャンスが出てくると思ったからです。

阿部の失点パターンは明確でした。フォア前にサービスを出されて、フォアでレシーブすると空いたバックサイドを厳しく攻められる。阿部のバック面は変化系の表ソフトなので返球が浮きやすく、5球目でフォアサイドを攻められて振り回されてしまうパターンです。

第1ゲームは10－10のジュースになって、阿部のレシーブという場面で私はタイムアウトを取りました。それまで阿部はフォア前のレシーブをフォアで返していたのですが、「思い切って、バック面の表ソフトでレシーブしてみなさい」とアドバイスしました。次の一本、予想どおりフォア前に来たサービスに対して、阿部がバックでレシーブしたボールがエッジになってポイントしました。次の1本を阿部が取り、第1ゲームを12－10で先取したのです。結果として、この試合は3－2で勝利を収めることができました。阿部は勇気が必要だったと思いますが、第1ゲームを取ったことが心理的に有利に働いたのでしょう。逆に相手の心理は余裕がなくなるでしょう。

この場合、失点を重ねているパターンがあったわけですから、戦術を転換する必要がありました。転換がうまくいかずに失点したとしても、まず流れを変えるための戦術ありきです。

また、同大会で大矢（旧姓：中島）未早希が、中国電力の土田美佳選手と対戦した時のことです。このふたりの対戦は阿部とは逆で、大矢のほうが相性が良かったのですが、ゲームカウントが1－1になった第3ゲームも4－8でリードされていたところで、その後良いプレーで2点取り、6－8になりました。まだリードされている状態ですが、雰囲気としては追い上げムード。挽回するチャンスと思い、タイムアウトを取りました。その時点で私の中にひらめくものがあったからです。

タイムアウトは追い上げているタイミングで取るよりも、追い上げられた時に流れを断ち切るために取ることが多いのですが、「こうやったらあと2本取れるだろう」という戦術が私の中にはあったのです。

それまでの戦術では、大矢は表ソフトを貼った土田のバックを攻めていました。大矢は少し台から距離をとって、ボールに回転をかけたラリーが得意な選手。強打で得点するというより、相手のミスをうまく誘いながら得点していました。しかし、相手もだんだんその戦術に慣れてきていたので、今度はバック対バックからフォアを攻める戦術に変え、8－8に追いつきました。相手もリードしてから挽回されてきたので、精神的には少し焦った状態になり、このゲームを12－10で取った大矢がこの試合に3－1で勝利することができました。

大矢の場合、今まで負けていない相手なので、リードを許していると「こんなはずじゃない」という気持ちになっていることが表情からもうかがえました。選手の良いプレーをしている時の表情、良くない時の表情というのは、ある程度把握しておく必要があります。

選手は常に不安と隣り合わせで戦っています。ベンチでは選手が安心して試合ができる方法を、具体的に話すのがポイント。抽象的なアドバイスだと、選手は迷ってしまうことが多いのです。

試合の流れというのはサービスから3球目、レシーブから4球目で大半は決まってしまいます。試合の流れが相手に傾いている時でも、それを打破するためにはサービスを変える、あるいはレシーブを変える。そうすれば3球目や4球目も変わってきます。

「先を読む言葉」が選手との信頼関係を生むことはすでに述べましたが、対戦相手もベンチに戻るわけですから、必ず相手ベンチの指導者からアドバイスを受けて来ます。試合でこちらが有利な状況であったとすれば、その点について相手は「対応を変えろ」というアドバイスを受けてくるでしょう。有利な状況に対するアドバイスだけでは、相手が戦術を変えてきた時に噛み合いません。「相手のベンチが何を変えてくるか」を予測して、「こう変えてきたらこうしよう」というアドバイスをすることも必要です。

指導者として経験を積み、その選手の試合ぶりをよく観察していれば、次の展開もある程度予測ができるようになります。うまくいかなくなった時にサービスをどうするか、レシーブをどうするか、どのコースに持っていくか、それが基本になります。

また、相手のコーチのアドバイスを見抜くためには、相手が次のゲームの1本目に何をやってくるか、この重要なヒントを見逃さないことです。相手のサービスだったら、サービスのコースや球種、3球目のコースを変えてくるはずです。

自分のチームの選手と相手チームの選手を観察しながら、言葉がけの内容も考える。ベンチコーチにはやるべきことがたくさんありますが、まず大切なのは試合での得失点の状況をしっかり観察することです。人間には習性というものがあり、得点したら同じことを続けようとするし、失点すれば何かを変えようとするものです。

さらにアドバイスをするうえでは、選手の技量も重要です。戦術としては正しくても、アドバイスをされた選手のレベルが低く、「実行不可能」と感じてしまったら意味がありません。選手の技量も踏まえてアドバイスをする必要があります。

「魔法の石」で選手は蘇った。言葉ひとつで選手をその気にさせる

指導者として、言葉の力を一番発揮できるのは選手への「暗示」です。信頼関係と言葉での暗示がうまく噛み合うと、選手たちはその気になり、プラスアルファの力を出す時があります。

私が白鵬で指導をしている時、チームで1、2位を争う実力を持っている福田正美という選手が、インターハイのシングルスの神奈川県予選で他校の選手に負けてしまい、代表権を獲得できなかったことがあります。インターハイ予選は5月から6月に行われ、それから関東大会を挟んで本大会まで2カ月近くありますが、予選で落ちた福田は当然ガッカリしています。シングルスは出られなくても団体戦では大事な戦力ですから、何とか気持ちを立て直さなければなりません。

そこで私は、彼女に小さな石を渡して暗示をかけ、気落ちした心を立て直す方法を考えました。

そしてこう言ったのです。

「以前にも君と同じようにインターハイのシングルス予選で負けて、立ち直れないほど落ち込んでしまった選手がいた。その子はこの石をポケットに入れて戦って、団体戦で素晴らしい成績を残したんだ。この石を君にプレゼントしよう」

実はその石は、道端で拾ってきた普通の石なのです。しかし、本人はその「魔法の石」が立ち

「魔法の石」で立ち直りのきっかけをつかみ、インターハイ女子ダブルスで優勝した福田正美（右）

直るきっかけになりました。「試合中、苦しい時にはこの石をさわれ」と言っておいたので、試合でピンチになると、ポケットにしのばせた石をさわっていました。そうしてインターハイ予選の2週間後の関東大会でシングルスで優勝し、インターハイもダブルスで優勝、団体も活躍してくれて優勝することができました。

「あの時の石は、本当は道端で拾ってきた石だったんだよ」。後に彼女の結婚式で披露しましたが、彼女は「エーッ！」と驚きながら、しかし「とても心強かった」とその時を振り返っていました。

指導者と選手の信頼関係があれば、言葉ひとつで選手をその気にさせることができる場合もあるのです。

大阪の王子卓球クラブで長年指導していた作馬六郎さんなども、選手をその気にさせる言葉がけがとてもうまい指導者です。「選手をのせる」というのは指導者の重要な手腕のひとつです。選手をいかに安心してプレーさせるか、そして選手をその気にさせられるか。これがベンチでのアドバイスの大きな役割だと思います。

「ユーモア」は指導者のスキル。女子の指導者はジョークの名人が多い

私は普段から、ジョークやダジャレをよく言います。

これは「年の功」もありますが、指導者として自分に欠けているものを探した時に行き着いたスタイルです。私はどちらかというと生《き》まじめな人間。そういう人間はひとつのことについて努力も我慢もできますが、幅がなくて余裕がない。卓球というのはそれでは勝てない競技であり、やはり相手を見る余裕が必要です。また、指導者として選手に物事をわかりやすく伝えるためには、ジョークというのは欠かせないものだと思います。女子サッカーのワールドカップで日本を優勝させた佐々木則夫監督もそうですが、名指導者にはジョークのうまい人が多い。特に女子選手の指導者には、いろいろな人に聞いても「あの人はジョークがうまい」という人が多いのです。伝えたいことをよりスムーズに相手に伝えるために、ジョークやことわざ、例などを使うと、よ

り印象強く相手に伝えることができます。使えそうなジョークや言葉があったら、私はメモしておくようにしています。何を伝えるかだけでなく、どう伝えるかというテクニックも重要です。

私は講習会をやる時にも、笑いのない講習会はダメだと思っています。まず「卓球は楽しいなあ」という雰囲気を作りたい。講習会は技術を正しく伝えるのが目的のひとつですが、終わってから一カ月、二カ月たって何を覚えているかというと、ジョークの部分はよく覚えていてくれる。得てしてそういうものです。だから大事なこととジョークをうまく結び付けて話せたら最高です。それもひとつの講習会のテクニックでしょう。

連続得点の意識を持たせるために、連続で二本取れる人が本当の「二本人」だよと言ったり、ミスが多い人には「ミス○○」とそこの地名の称号を与えたり、ジョークも言います。次回会うと向こうから「ミス○○です」と言われたりして、そこでまた雰囲気が和《なご》みます。

2016年度全日本選手権女子シングルス決勝の石川佳純対平野美宇戦の解説の時、私は「おもてなし対決」と表現しました。なぜかと言えば、ふたりともラバーは両面裏ソフトだからです。

スマッシュと見せかけてストップするテクニックは「スマップ」、チキータと見せかけてストップする技術は「チキップ」。選手たちに「チキップの練習やるよ」と言えば雰囲気も少し和みますし、笑いが起きれば選手にも印象に残るでしょう。卓球の用語は意外に少ないので、「新しい技術をもっと簡潔に伝えたい」という思いもあって、新しい用語を考えました。

第6章

指導術

叱るならば小声で。時・場所・言葉と「最後のひと言」が重要

指導者は、ほめ方よりも「叱り方」がうまくなったら一流だと私は思います。叱ることは、ほめることよりもずっと難しいのです。叱ったうえでなお、選手が「また頑張ろう」という気持ちを持てるよう、時・場所・言葉を選ぶテクニックも必要でしょう。

若い頃、私は叱る時に「コラ！」と大きい声を出して怒鳴っていましたが、要は相手に言いたい内容が伝わって、反省すべき点は反省してくれれば良いわけです。叱る内容を相手に納得してもらうためには、むしろ小さい声のほうが効果的な場合があります。小さい声で言えば選手は耳を澄まして、集中して聞こうとします。

今の子どもたちは、昔に比べて叱られることに慣れていません。そのため、叱られた時に指導者の想像の何倍も落ち込んでしまうことがあります。叱る時は選手の反応を見ながら、叱りたいことを10割言ってしまうのではなく、8割くらいに留めて残り2割は余力を残しておく。あるいは最初に2割くらいはほめながら、あとの8割で叱る。とことん叱ってしまうのではなく、選手たちにも抜け道を作ってやるのです。叱られてばかりでは誰だって嫌になってしまいますから、

指導にも強弱やアクセントをつけていくことが大切。写真は白鵬時代に選手を指導する筆者

少しはほめてあげて、指導にも強弱やアクセントをつけるのです。叱ることも「術《じゅつ》」です。

そして私は、叱る時は最後のひと言が非常に大切だと考えています。「また明日から頑張ろう」というような声がけができればベストです。ほめられて育ち、叱られ慣れていない選手たちがそのショックを受けただけで終わってしまうと、気持ちが大きく落ち込んでしまうからです。何か最後に、気持ちが上向きになるような言葉をかけてあげるほうが効果的でしょう。

選手への言葉がけの中で、ほめるのはその場で言ってあげたほうが効果的です。選手が練習で良い感覚をつかみかけている時は、すかさずほめてグッと伸びるきっかけを作ってあげる。一方、選手を叱る時は、その場で言う場合もありますが、タイミングを見計らって叱るほうが効果的な場合もあります。

「叱る」というと立場としては上から下、という感じになりますが、私が指導していたサンリツのような実業団チームでは、叱るというよりも「アドバイスをする」という意識で声をかけていました。選手たちは社会人ですから、ひとりの人間として対等に接し、考えるべきところは自分で考えさせて、自分で答えを出させる。高校生の場合は、全部自分で考えるだけの知識や経験はないので、ある程度は「命令する」ことが必要な時もあります。昔なら選手への罰としてさせていたランニングも、今はたとえば「ちょっと走って自分で考えてこい」と言うようにします。

選手の意識や性格、技術レベルや目指している目標は人それぞれです。それを全部同じように、十把一絡《じっぱひとから》げにして考えてしまうとうまくいきません。同じ叱るにしても、卓球に対する意識の高い子と低い子では、言葉や例えも大きく変わります。意識の高い子だったら、どんなに叱られても「私は勝ちたい」と思うでしょう。

試合で勝つためには、厳しい練習、つらい練習を乗り越えていかなければならないのは事実です。遊びで練習していて勝てたら苦労はいりません。それを以前は指導者が上から目線で、押しつけてやらせていた。選手もなぜその練習をやるのかわからないまま、叱られたり、怒鳴られたりしていました。それが当たり前の時代でした。

今は時代が違います。厳しい練習にいかに楽しく、また自主的に取り組ませるか。自分の頭で考えて実践させることが要求される時代で、それは指導者の手腕にかかっています。

実績のある指導者と、卓球経験のない指導者。選手としての実績は必要か

指導者には、選手時代の実績が必要でしょうか？

当然、ないよりはあるほうが良いでしょう。指導者自身が成功体験を持っているわけですから、選手に対する言葉の説得力も増します。

ただ、それは指導者と選手の間の信頼関係があれば、ある程度は解決できる問題です。「名選手、名監督たり得ず」という言葉がありますが、実績のある選手だったことが指導者としてマイナスに働く場合もあるのです。「自分なら簡単にできた」と考えてしまって、選手を指導するうえで我慢ができず、粘り強く指導できない。その点、実績がない指導者のほうが体験のものさしがないぶん、我慢が利きます。

実績や卓球経験のない指導者は熱意と工夫、研究が必要になるでしょう。「自分のことを強くしてくれるんだ」と感じることができれば、選手はついてくるものです。外部から実績のある選手を呼んできて練習相手をしてもらったり、様々な工夫でカバーすることができますし、選手た

指導者にとって最も重要なのは、実績ではなく選手との信頼関係だ

ちもありがたいと感じるでしょう。練習だけでなく普段の生活面から、自分たちのことをどれだけ考えてくれているか、選手たちは指導者のことをよく観察しています。

他のスポーツの成功例を知ることで、自分の指導に役立てることもできます。柔道の野村忠宏選手が3回目の五輪優勝を果たした後、「心・技・体」の「心」が一番上にあるということがやっとわかったと話していました。それは私が普段選手たちに話している心の重要性と重なるもので、「柔道で五輪で三連覇した野村選手もこう言っていたよ」と伝え、「感謝の気持ち、友だちを思いやる気持ちや、我慢することも卓球が強くなるために大事だよ」と話しました。このような事を日常生活の中で心がけ、心の器を大きくする生活をすれば卓球が強くなると伝えれば、選手たちのやる気を引き出したり、悩みを解決するヒントになります。

だから私はちょっとしたヒントでも手帳に書きつけられるよう､常にアンテナを張っています。時には流行語も取り入れて、ユーモアを交ぜながら話をすると、選手たちも笑顔になり、ふっと心を開いて受け止めてくれます。

選手との信頼関係を築くうえで、一番大きいのはベンチコーチでアドバイスが役立ち、勝利した時です。選手は監督に感謝するでしょう。また、部の周りにいる人たちに協力してもらうのも指導者のテクニックです。たとえば大学に進学した卒業生が休みの日などに練習に来てくれることがあります。その時に現役の選手たちに「自分はこの学校で3年間やってきたことが、今の生活でこのように役立っている」と体験談を話してもらえれば、非常に説得力があります。もちろん、卒業生が本当にそう感じてくれていることが前提です。

選手への期待も直接伝えるのではなく、担任の先生など、第三者を介して伝えてもらうのもひとつの方法です。試合で頑張った選手に対し、担任の先生から「近藤先生がとても喜んでいた。これからも期待していると言っていたよ」と伝えてもらう。私が直接言うより効果が大きいのです。これもひとつの指導術と言えるでしょう。

トップ選手には、目に見えて伸びた時期がある。どのようにして自信を持たせてやれるか

選手には「自分が今伸びている」と感じる時があり、その時は非常に生き生きとしていて、「練習を早くしたい」という顔をしています。表情が楽しそうなのですぐわかります。

そういう時には、欠点を指摘するのはできるだけ控え、むしろ「調子良いぞ!」とか「ナイスプレー」と声をかけて、その伸びる期間を少しでも長くしてあげることで、より高いレベルに到達できます。

トップ選手に「自分の卓球人生の中で『今、自分は強くなっている』と感じられる時があったか」と尋ねてみると、多くの選手が「ありました」と言います。「その伸びた時期は1年に何回あって、何日間続いたか」と聞くと、「ラケットに当たれば入る」という絶好調の時期が、「1年に1回、1週間くらいある」と答えてくれました。指導者としては、何とかそれを1年に2回、3回にしてやりたいし、1週間よりも長い10日や2週間にしてやりたいと思います。

しかし、言葉を間違えたり、選手の体調管理を怠ってしまうと、せっかくの1週間の成長期が3日で終わってしまうこともあります。だから選手には「君は今伸びている時期だから、体調には気をつけろよ、そして『調子が良いな』『もっと長く練習したいな』という気持ちを持ち続けな

さい」と言葉をかけます。

伸びる時期を年に2回、3回と作ってあげるのは指導者のテクニックですが、要は予測力を磨くことです。相手との駆け引きの内容を教え、得点に結びつけるのです。また予測が外れたとしてもボールに反応できるよう、二カ所の予測を想定し、訓練するのです。それくらい予測力を研ぎすませておけば、相手にどこにレシーブされても3球目で攻めることができ、非常に強い選手に育っていきます。逆の発想をすれば、相手の待っている所にばかりボールを送っていたのでは、いつまでも得点に結びつきません。ですから強く打つことが難しい台上プレーでは、逆モーションや二段モーションでのプレーが必要になってくるのです。

「自分は予測力を高めて、相手には予測させにくくする」、選手にはそういうプレーを目指して練習してほしいと思います。

選手というのはできなかったことができるようになったり、勝てなかった人に勝てるようになってくると自信が湧いてきます。そういう時の感覚を、決して忘れないようにさせることです。そして試合の結果だけで評価するのではなく、負けた試合の中にもほめたり、励ましたりする要素を見出して言葉をかけてあげれば、結果は負けたとしても選手は「また頑張ろう」というエネルギーが湧いてきます。

私も若い頃は、負けた選手には欠点ばかり指摘して、欠点の修正練習ばかり要求していましたが、やはり長所を伸ばす練習というのは必要なのです。練習計画の中にも段階を作って、ひとつステップを上がった時の達成感を味わわせてあげることで、次の段階での意欲や、「自分もやればできる」という小さな自信が芽生えます。それを繰り返しながら、喜びを感じながら努力をしていくことが大切です

調子の悪い選手に、やる気を出させる方法。「頑張れ」という言葉より、具体的な方法を示す

選手の伸びには個人差があります。思うように成績が出なくて壁にぶつかってしまったり、スランプに陥ってしまう時もあります。

選手の調子の良し悪しを見極める時、調子が悪い選手というのは打球後にボールの行方《ゆくえ》を目で追ってしまい、相手コートに入ったことを確認してから構えに入ります。そのため、戻りも打球のリズムも遅れてしまい、あわてて打つという感じになります。

逆に調子が良い選手というのは、自分が打ったボールは入ると思っているから、ボールを目で追わず、スッと構えることができるので、次のプレーがスムーズにできます。

また不調の時は、ラケットのグリップをしっくり握ることができず、何か違和感のあるグリッ

プになります。毎日愛用しているラケットの握り方さえわからなくなるのです。そんな時は紙ヤスリで少しグリップ部分を削り、調整するのも良いでしょう。

調子の良し悪しが生じる原因としては体のコンディションがあり、疲労がたまっていると動きが遅くなり、調子は悪くなります。しかし逆に、やり込んで疲労がたまっている時に力が抜け、良い感覚で打てるようになる場合があります。練習を重ねた技術は自分の体内にマグマのようにたまっていて、それがふとしたきっかけで良い感覚に変わり、新しい自分の世界が開けるのです。

調子の悪い時期というのはトンネルのようなもので、やる気が出ないといって気落ちしていると、なかなかトンネルを抜け出すことができません。トンネルを抜け出せば必ず、次のレベルに到達できるのです。自分が不調だと感じた時は、次のレベルに行ける前兆ととらえ、意欲的に練習するように選手たちに言っていました。

不調の時は、練習の内容はシンプルなものにしたほうが良いでしょう。複雑な内容にするとミスが多く出て、気持ちが落ち込んでしまってますますトンネルの出口が遠のきます。ボールをよく見て、ゆっくりラリーを行うのも良い方法です。暗示をかける意味では、私は「今までにも調子が悪くなって、それを乗り越えたらぐっと伸びた選手がたくさんいたよ」と経験談を話します。自分と同じように不調になった人がいて、こうすれば壁を破れたというモデルの話を聞けば、安心するでしょう。これはある程度フィクションでも構わないと思いますが、ただ「頑張れ、頑張れ」と言うよりも、「こうすれば出口に到達できる」という明確なビジョンを示すことができれば、落ち込んでいる選手も勇気が湧いてくるでしょう。

また、練習計画も大事です。大会本番までのスケジュールの中で、どのように練習を積み重ねて大会を迎えるか、指導者の手腕が問われます。その中では練習の成果をチェックする時期が必要で、部内で練習するだけでなく、対外的な練習試合をやるべきです。他のチームとの練習試合をする中で、その成果が出せたかどうかのチェックをします。練習計画は立てていても、その成果をチェックすることについて、あまり意識していない指導者の方も多いのではないでしょうか。

私も最初から綿密な練習計画やチェックがあったわけではありません。自分の経験、反省に基づいて計画を立て始め、インターハイで15年間優勝できなかった時期を経て、少しずつ反省を蓄積し、練習計画を立ててそれを実行したから優勝できたのだと思います。練習計画とその成果のチェックによって、達成感を持たせることはとても大切です。

優勝経験のないチームは、何をどのように練習したら良い結果が出るかがわかりません。だから手探りで練習する中で、成功と失敗を繰り返しながら、過程と結果をつなぐ方程式を導き出していくのです。それはどうしても時間のかかる作業であり、試行錯誤の繰り返しです。最初から完璧な方程式を導き出すことはできません。

早稲田大のトイレに見る伝統の力。壁にぶつかった時に、人間力が試される

白鵬での監督時代、年間計画の中で選手たちを連れて、実業団や大学のチームで練習させていただく機会がよくありました。

その中で、いつも感心するのは早稲田大の練習場のトイレです。トイレの木製のサンダルが、普通は出ていった向きのままで置いてあったり、向きがぐちゃぐちゃになっている所が多いのですが、早稲田大のトイレはいつも入ってきた人が履きやすいように、綺麗に揃えられています。次の人が使いやすいよう、気配りされているのです。練習場には「早稲田魂」と書かれている額が飾られていますが、こんな小さなところまで「早稲田魂」の伝統は受け継がれているのでしょう。これが伝統校の力だなと、見るたびに感じます。

「身の回りのことや、日頃の躾《しつけ》は卓球には関係ない」と考える指導者もいるかもしれませんが、スポーツを通じて人間力を高めるためには大切なことだと思います。

試合は、自分の思いどおりにいかないことが多いものです。短所ばかりを攻められて長所をうまく出せない時は、我慢しながら勝つための方法を模索しなければなりません。また、団体戦でチームメイトが試合をしている時に、他の選手が心のこもった応援をしないでいたら、良いチー

選手とベンチ、観客席の一体感が団体戦での好成績を生む。写真は05年インターハイでの白鵬ベンチ

ムワークとは言えません。団体戦は選手、ベンチ、観客席の応援、三者一体となって戦ってこそ良い結果につながります。勝っている時は良いかもしれませんが、うまくいかなくなかった時に崩れるのが早いのです。

小さい子どもたちのクラブチームに目をやれば、両親が自分の子どもを教えている場合、躾がしっかりしていそうなものですが、逆に「勝てばいい」型の指導が多いようです。子どもが親に甘えてしまうからでしょうか。子どもの機嫌取りにならないよう、しっかり躾をしてほしいものです。

最近の卓球界では、親の指導で小さいうちから卓球を始め、実績を残す選手たちが多くなっています。自分の子どもを強くするために中国人コーチを雇う親もいます。彼らは技術の指導はできますが、日本と中国では文化が異なりますし、心の指導まではできません。技術だけを鍛えられて育った選手は、必ずどこかで壁にぶつかります。試合で結果が出なくなる時期が来ます。そういう時に「協調性」や「思いやり」、「辛抱強さ」がなければ壁を乗り越えることはできません。子どもの成長を考えるならば、親はどこかで「子離れ」しなければならないのです。

松下電器産業（現パナソニック）の創業者である松下幸之助さんは、従業員に対し、「モノを作る前に、モノを作る人を作れ」という言葉を残しました。従業員の意識を高め、奉仕の心を持つことで良い商品は生まれるということだそうです。この言葉を私も借用して「選手を作る前に、人を作れ」という言葉に置き換えました。取り組む姿勢や意識という「心の器」を大きくしよう、強くしようと考えました。

卓球選手はとかく技術が求められがちですが、「心・技・体・知」のどれかひとつが低かったら、他の３つも同じレベルまで下がってしまうものだと思います。特に卓球はメンタルのスポーツですから、我慢強さや感謝の気持ちがなかったら、すぐに試合を投げる選手になってしまいます。

勝てばそれでいい。そういう気持ちで卓球に取り組んでいると、本来の人間力が問われる場面ではもろさが出てしまいます。その時のためにも、「心・技・体・知」のバランスのとれた選手を育てたいものです。

選手たちに伝える「食わず嫌いになるな」。挑戦させることの大切さ

最近の若い選手の傾向として、新しい技術に取り組む前から「自分は無理だ」「こんな難しい技術はできっこない」と決めつける選手がいます。意識の低い選手はたいていそうです。練習する前から「自分にはできっこない」「自分は下手だから」と考えてしまう。良い素質を持っている選手でも、新しい技術に挑戦していかないと伸びは止まってしまいます。

私はいつも「食わず嫌いになるな」と選手たちに言うのです。「ご飯のおかずでも、これは嫌いだから食べないと思っても、実際に食べてみたら美味しいかもしれない。まず行動してみることが大事なんだよ」と伝えます。

たとえば、誰かのサービスを見て、「出すのが難しいサービスだな」と感じたとしても、もし真似をして自分のプレーに取り込んでいけたら、自分にとってはプラスになるわけです。しばらく大会が空く時には、より挑戦的な姿勢を選手たちに持たせることが指導者として大切です。

白鵬で指導している時に、選手たちを横浜マラソンの10キロの部に出場させたことがあります。選手たちは「10キロなんて走ったことないです」と言っていましたが、「とにかくやってみろ」と言ってレースに出したら、選手たちは全員完走できました。

指導者から見て、若い選手たちの自分への「期待値」は、意外なくらい低い子が多いのです。自主的にやることは大切ですが、低い意識の自主性ではあまり役に立ちません。「私が示す限界近くまでやり込んでみないと、自分がどこまでできるかわからないよ」。これも私が選手たちによく言っていたことです。

人に強制されたことでも、一生懸命挑戦する気持ちで取り組むことで殻を破り、「自分はこんなにやれるんだな」と感じられる体験を一度はしないと、本当の自主性は生まれません。自分が持っている自分に対する概念を覆《くつがえ》す体験は、指導者の厳しい指導があってこそできるのです。

インターハイに毎年出場するような強豪校の場合は、先輩たちが身をもって限界まで頑張る姿を見せてくれるので、おのずと後輩たちの意識は上がるのです。限界への挑戦が目に見える形で下級生に伝わっていく。それが伝統校の力です。

女子チームを指導する難しさ。「同じ距離感」を感じさせることが重要だ

女子チームの指導者が心しておくべきことのひとつが、「どの選手とも同じ距離感を持って接している」と常に選手たちに感じさせ、平等感を持たせることです。

特に指導経験の浅い指導者の場合、自分の中では気にしていないのに、周囲からみれば「ある子と距離が明らかに近い」とか、「ある選手ばかりアドバイスしている」と感じられてしまうことがあります。

これが顕著になってしまうと、チーム内に亀裂が生じます。たとえばひとりの下級生にばかり目をかけていたら、上級生の選手たちは面白くないから、その下級生はいじめの対象になってしまうかもしれません。指導者の心の中で、期待をかける選手や強くしてやりたいと思う選手がいるのは避けられないことですが、平等と公平の原理は必要です。私はインターハイの県予選が終わった後に代表選手中心の強化に切り替える時も、選手たちにはその必要性を話し、理解させるようにしていました。

女子チームの場合、チーム内にいくつかのグループができることがよくあります。仲間意識は必要ですが、対立しないよう注意する必要があります。多球練習を行うにしても、どの選手も同じ持ち時間になるようにローテーションを組んだり、全員の選手に「自分も監督に強くしようとしてもらっている」「自分も必要とされている」と感じてもらえるようにしたほうがよいでしょう。

選手同士の仲の良し悪しというのも避けられない問題です。白鵬で指導していた時は、「チームワークというのは、お互いにやってほしいと思ったことをやり合うこと」だと常に教えていました。

上級生の立場は尊重されるべきですが、上級生だからこそみんなが嫌がること、面倒なことを引き受けてやる。掃除や卓球台の準備も「下級生がやればいい」ではなく、上級生が率先してやる。先輩たちがそういう空気を作っていけば、自然と部内もうまく「和」が保たれていくでしょう。

イメージを伝えるひとつの方法。「打球音」で指導する

卓球というスポーツは、打球音が非常に大切だと私は考えています。選手の力が無駄なくボールに伝わった時は、良い打球音がするし、良いボールが打てるものです。そういう時はたとえミスになったとしても、「今、打球点が良かったから良い音がしていたぞ」と選手に伝えます。技術の指導をする時も、たとえばドライブでも「グワン」とかけろとか、「ピッ」とかけろとか、スマッシュは「バシッ」と打てとか、打球音を形容する言葉を入れて説明することで、選手に感覚が伝わりやすくなります。

技の種類によって、良い打球音は違います。実際にボールに接触するのは、ラバーの表面のゴムシートですが、その下にスポンジがあり、そしてラケットの板があります。技術によっては表面のゴムだけでボールを薄くとらえる技もあるし、ゴムとスポンジを使う技、そして板を含めて

ボールを厚くとらえる技もあります。

ラケットが直角に近い角度でボールをとらえる時と、45度くらいでボールをとらえる時では打球音は変わります。その技に適した打球音があるので、注意深く聞いていると、良い打球音が段々聞き分けられるようになってきます。

現代卓球では、強く攻める時はスマッシュとドライブの中間くらいの打法が主流になっています。私はスマッシュとドライブの中間なので「スマドラ打ち」と言っていますが、この技術にも良い打球音があります。音で正しい感覚を伝えてあげることはひとつの指導術です。

あとはボールのとらえ方の感覚を伝えるために、肩をトーンと叩いたり、こすったりします。これも言葉だけで伝えるより、イメージが伝わりやすいからです。

それぞれの技術には「良い打球音」がある。写真は鋭い打球音を放つ伊藤美誠選手のフォア強打

腕は変えられないけれど、用具は変えられる。成果が出ない選手は、用具変更が変わるきっかけに

卓球はラケットとラバーという用具を使う競技です。Aという用具を使ってある選手が強くなったからといって、他の選手もAを使えば強くなるかというと、答えは「ノー」です。もちろんそういうケースもありますが、基本的な考え方としては、選手それぞれに合った用具が必要です。いろいろなラケットで実際に打たせてみて、違和感がない用具、選手がなめらかにスイングできる用具があるのです。

私が白鵬時代にやっていた方法は、ラケットとラバーを何種類か用意して、メーカー名や商品名を切り取ってテストする「ブラインドテスト」です。たとえば1番から5番のラケットを用意し、打たせてみて、先入観のない状態で何番のラケットが一番打ちやすかったかをチェックします。その結果が、今自分が使っているラケットの組み合わせに近ければ問題はないですが、問題なのは全く違うラケットやラバーを選んだ時です。

「腕は変えられないけれど、ラケットやラバーは変えられる」というのが私の考え方です。自分のスイングに合った用具を見つけることができれば、それは素晴らしい恋人に出会ったのと同じです。チームメイトのラケットを借りて打ってみたり、先入観のないブラインドテストをやっ

てみると良いでしょう。

また、筋力トレーニングを重ねていけば筋力がついてきますから、そのパワーを自分で手加減して打っているのであれば、能力を十分に引き出せていないわけです。逆に自分にとってマイナスになる用具もあるので注意が必要です。

練習をやっているのに、なかなか成果が出ない選手に対しては、ラバーやラケットを変更させるのもひとつの方法です。本人もそういう状況ならば、大抵は何かを変えたがっています。変えてみて一定期間練習して、成果が出ない時はまた戻せば良いのです。

基本的に、こちらから特定の用具を押し付けることはしません。人から決められた用具では踏ん切りがつかない時がありますし、「自分で決めた」という意識があれば、迷う時間も短くなります。

不思議なことに、用具は変えてからしばらくの間は新しい用具のほうが良いと感じるのですが、徐々に「前の用具のほうが良いのではないか」と迷うことが多いようです。やはり、ある程度の期間は使い続けてみないと、その用具が自分に合っているかどうかは判断できません。

第7章

卓球とともに歩んだ道のり

勝利第一主義、「卓球ファースト」の20代。36歳の時に大病、大きな転機となった

2016（平成28）年の8月、岡山県総社市でインターハイ・卓球競技が行われ、私はNHKのテレビ中継で男女シングルス決勝の解説をしました。

私が名古屋電気高（現：愛工大名電高）3年の時にも岡山県でインターハイが行われ、チームのメンバーにも恵まれ、男子学校対抗優勝を果たすことができました。その時の感動が、私が指導者になるきっかけになりました。56年という歳月は経っていますが、当時の思い出が蘇って来ました。再びその場に立って「インターハイはやはり素晴らしい場だなあ」と思いを新たにしました。

この2016年も、男子学校対抗では今枝一郎監督率いる愛工大名電が21年ぶりの優勝。「そんなに長きにわたり、優勝していなかったのか」というのが率直な思いでした。それほどタイトルは近くて遠いものだったのです。

1959（昭和34）年、私が高校2年の時、地元の名古屋でインターハイが開催されたのですが、男子学校対抗の決勝で京都の東山高に敗れ、準優勝でした。学長の後藤鉀二先生に2位の表彰状を持って報告に行ったのですが、「名電は2位の表彰状はいらない、すぐに練習しろ。優勝しなけ

2016年インターハイ男子学校対抗で、筆者の母校・愛工大名電高が21年ぶりの優勝を果たした。右端が今枝一郎監督

ればダメなんだ」と言われ、その日は夜遅くまで練習した記憶があります。

これが発奮のきっかけになり、「来年こそ優勝しよう」と仲間とともに決心しました。そして１年間、血の滲《にじ》むような練習をして臨んだ岡山インターハイで優勝という目標を達成できたのです。その喜び、それは何物にも代えがたいものでした。そして「いつの日かチャンスがあれば、自分が指導者となって選手を育て、こういう場面で優勝させてやりたい」という夢が芽生えました。

「いつの日か指導者になりたい」という夢が実現する大きなきっかけになったのは、私たちインターハイで団体優勝したメンバー４人全員が、神奈川の日産自動車に入社したことです。日産自動車の近くに京浜女子商業高（現・白鵬女子高）があったのです。私が高校２年の時、京浜が名電で合宿をしました。男子高の名電と女子高の京浜が一緒に合宿をするというのは、当時としては異例のことでしたが、松本章二部長（元全国高体連卓球専門部理事長）、難波一男監督ともその時面識ができて、日産に入社後にお会いした時に「たまに練習に来てくれよ」と声をかけられて、休日に練習に行くようになりました。

日産に入社して4年経った時に、当時京浜の監督だった難波一男先生が退職され、松本部長から「日産を辞めて京浜に来てくれないか」という誘いがありました。ちょうど日産の職場も鶴見から横須賀の追浜に変わるという話があり、練習場のある新子安から遠くなるので、「練習量も思うように確保できなくなるかな」という心配もありました。転職したとしても、私は高卒で教職免許は持っていないし、「これから大学で教職を取るのは大変だな」という心配もありましたが、指導者になりたいという夢がありましたから、「無理だ」と言うより挑戦しようと思ったのです。熟

筆者（前列右端）が高校３年時（当時の校名は名古屋電気高）、1960年の岡山インターハイで男子学校対抗優勝

慮したうえで引き受けることにしました。

それからは法政大学の二部（夜間）に通うようになりました。大学卒業と教職免許を取るのに6年かかりましたが、この間は私にとっては試練というか、大変な毎日でした。2年目からは臨時教員の免許を取って、授業を持つようになりました。だいたい3時半くらいまで京浜で授業を行い、それから電車で鶴見から東京・市ヶ谷の法政大学に行き、午後5時半から9時40分くらいまで授業を受けて、京浜に戻ってくるのですが、10時半を回っていました。選手たちには「授業が終わったら寮に帰って寝ておけ」と言って、私が帰ってくる11時頃から練習、深夜の2時くらいまでやりました。今では考えられないような毎日でした。

当時の練習内容は画一的なものが中心で、全員が決まったメニューの練習をしていました。フットワークや多球練習が多く、自分が高校時代にやっていた練習内容をそのままやっていました。監督1年目のインターハイは学校対抗の1回戦で0－3で敗れ、2年目は第2シードに勝ってベスト8、3年目は準優勝、そして4年目に決勝で四天王寺高を破って初優勝することができました。宿敵・四天王寺高に勝った、その喜びは今も忘れることができません。振り返ってみれば、あまりにも順調に優勝できたという感じでした。当時の自分にしてみれば、結果が出ているのだから練習内容を見直すこともなく、「これが良い練習」だと思い込んでいたのです。選手たちも、私が伝えたメニューをやるのが当たり前という感覚の時代でした。

この頃は大島俊之助先生が指導する栃木の真岡女子高が強く、真岡の卓球というのは伝統的にショートを中心とした守りの卓球でした。真岡に勝たなければ関東大会は優勝できないし、全国に行っても勝てない。そういう考えから「打倒・真岡」を掲げ、先手を取って3本連続で強打できる攻撃的な卓球を目指していました。

無我夢中で練習をやり込んだ4年目までは良かったのですが、優勝した次の年からチームの成績はガクンと落ち、低迷期に入りました。

練習内容は基本練習が中心で、ひたすらフットワーク、「動け動け」という練習。フォアとバックの1本ずつとか、バック対全面のフットワーク、そして回り込みや飛びつきの練習でした。サービス・レシーブや台上プレー、ブロックの練習がほとんどなく、今考えてみると、レベルの低い練習をしていたなと思います。

インターハイ優勝を目指し、やってもやっても結果が出ず、苦しい時代が続きました。その頃は「なぜ勝てないのか」「どうしたら勝てるのか」という自問自答を繰り返しながら、もっと練習時間を増やさなければダメだ、もっと厳しい練習をやらなければダメだ、というように「もっともっと」という気持ちで泥沼に入って行きました。自分にも厳しく、選手に対しても上から目線で接し、厳しく当たって、段々と私の心の余裕がなくなっていったのです。

練習場に緊張感があることは、選手にとっては悪いことではありませんが、それが度を越してしまうと、選手たちは良い動きや思い切ったプレーができません。

練習ではいつも選手と一緒にプレーし、背中で引っ張っていくというか、「オレについてこい」という感じでした。職員旅行も他の先生方がバスで移動するのに、私は練習を終えてから自分の車で駆けつけ、食事会だけ参加して、翌朝はひとりだけ早く宿を出て練習場に帰りました。とにかく「卓球ファースト」の時代。裏を返せば、余裕のない時代でもありました。

当時の考えは「優勝しなければ価値も値打ちもない」。まさに勝利第一主義で、答えは「優勝」ただひとつしかありませんでした。

しかし、1978（昭和53）年に山形県新庄市で行われたインターハイの後、私は急性肝炎という大病にかかりました。36歳の時です。二カ月ほど入院した後、自宅で1カ月静養することになりました。それまで病気らしい病気はほとんど記憶になく、健康と顔には自信がありましたが（笑）、入院ということで気持ちはどん底に落ちました。そして、入院中いろいろな本を読んだり、見舞いに来てくれた人と話をする中で、今までの指導方法を見直す転機が訪れました。病院の先生も「神様が休養を与えてくださったと思って、充電したらいいですよ」となぐさめてくださいました。

これは第4章でも述べたことですが、インターハイの学校対抗に出てくる55校のうち、優勝できるのは1校だけです。残りの54校はどこかで負けるわけです。優勝だけを目標にするのでは、優勝が長くできないと行き詰まってしまいます。考え方に幅を持たせ、もうひとつの目標として、選手たちがいろいろな体験を通じて、人として成長し、将来の道を切り開いていく手助けができればいい。「勝つ指導」から「育てる指導」への転換のきっかけになりました。

私自身、気持ちが非常に楽になりました。もちろん勝負である以上、優勝を目指して最大限の努力はします。しかし、優勝できなくても選手たちに満足感を感じさせてあげたいし、どのような結果になったとしても、「充実した練習をした」という気持ちになってもらいたい。練習メニューもすべてこちらから押し付けるのではなく、選手の希望を聞いたり、体調に合わせて調節するなど、余裕を持ったやり方を考えられるようになったのです。

私が指導者として尊敬している吉田安夫先生(元青森山田学園卓球部総監督)は「一度大きな病気をしなくちゃ、良い指導者にはなれない」とおっしゃっていました。病気はしないに越したことはないのですが、それくらい思い詰めるか、悩むうちにいろいろな体験をしながら、少しずつ指導者として成長していくのだと思います。また、入院中に読んだ三浦綾子さんの『氷点』は、私が出合った本の中では最高の感銘を受けた本です。その後も三浦さんの書かれた本は80冊くらい読みました。

インターハイで15年ぶり、二度目の優勝。結果が出てきた40代。試合に直結する戦術練習と「言葉の力」

京浜の監督となって4年目（26歳）で学校対抗で初優勝してから、1983（昭和58）年の名古屋インターハイで2回目（41歳）の優勝を果たすまで、実に15年の歳月を要しました。

復活優勝を果たす前に、そのキーパーソンとなった選手がいます。1981（昭和56）年度の全日本ジュニアで優勝した細矢順子です。お父さんの細矢渡さんは、私たちが日産自動車に入社した時の卓球部監督で、中学時代はお父さんの厳しい指導を受けてきました。右ペンホルダードライブ型で非常にパワーがあり、オールフォアで攻めていけるような男性的なスタイル。彼女の全日本ジュニアでの優勝がチームを上昇気流に乗せてくれました。

この頃から、チームには様々なプレースタイルの選手が揃うようになりました。練習も画一的な内容から脱却して、それぞれの選手の個性、持ち味を生かす練習を追求していったのです。何より、自分に合ったスタイルでプレーできれば、選手たちも練習が楽しいはずです。

同じペンホルダーでも、細矢のようなフォアのパワードライブ主戦の選手もいれば、名古屋インターハイの優勝メンバーである橘川美紀（87年世界選手権代表）のように、バックプッシュを得意とする選手もいました。ダブルスで活躍した秋山真樹子（90年度全日本女子ダブルス優勝）は、

昭和 56 年度全日本ジュニア女子優勝の細矢順子。彼女の全国優勝がチームを再び上昇気流に乗せた

ツッツキに対してもドライブではなく、ミート打ちと流し打ちで攻めるスタイルでした。

指導者は、試合の時にはベンチから相手選手の弱点やクセを観察しなくてはなりません。同じ目線で自分のチームの選手を観察してみると、長所や短所が見えてきます。そして「キミのこの部分は、他の選手にはない武器だよ」というようにアドバイスしてやれば、選手も勝ちたいわけですから、自分の良いところを伸ばす練習は集中して、一生懸命取り組んでくれます。

練習計画には個人の長所を折り込みながら、それぞれの特長を生かして得点していく基本戦術の練習を取り入れました。試合が近くなった時の練習は、試合に直結しないコースの決まった基本練習を少なくして、試合を想定した戦術練習のメニューを多く取り入れていきました。選手それぞれが自分のプレースタイルのイメージを明確に持てるようになりました。

指導者として注意しなくてはいけないことは、過去の成功体験にとらわれてしまうことです。ある選手が良い成績を残したら、その選手と同じような戦型にはめたり、試合で使っていたサービスなどを押し付けてしまうということです。身長が違い、性格が違い、持っている技術や用具が違えば、違うスタイルになって当然なのです。成功体験から脱皮して、様々なスタイルを受け入れていくことで、指導者も成長できるのではないでしょうか。

選手の成長と同じく、指導者の成長も「階段」を上がっていくようなものだと思います。一度に二つも三つも段を飛び越したら、足元がぐらついて転んでしまいます。やはり一段ずつ上がっていくのが良いでしょう。

36歳での病気以降、心がけていたのは「言葉の力」です。言葉にはやる気が出る言葉と失う言葉、勇気が湧く言葉と沈む言葉があります。それまでは上から目線でアドバイスをしていたのですが、アドバイスでも選手にやる気を出させる言葉など、広い視野に立ちながら言葉を選べるようになりました。

病気をきっかけに反省して、指導内容を変えたことが、昭和57年からインターハイの学校対抗で12年連続決勝進出、そのうち7回の優勝という成績につながったのだと思います。

国際大会での経験がフィードバックされた50代。「世界で活躍する選手を育てたい」という意識の変化

「自転車に乗れるようになった人が、自転車に乗る練習を毎日やるのか?」

これはかつて荻村伊智朗さん(故人・第3代国際卓球連盟会長)が言っておられた言葉です。練習がマンネリ化することを戒めたものです。

毎日練習をする中で、練習がマンネリ化して、本人も意識が低下してしまい、ただ何となくやっている練習では成果は期待できません。指導者も先輩から受け継がれた練習をひたすらやらせている、そういうケースは意外に多いのです。時代の流れの中で、新しい技術が生まれたり、ルールが変わっても、指導者の頭がついていかない。実績のある指導者ほど、過去の栄光にこだわりすぎて、マンネリ化の落とし穴にはまりやすいように思います。

私は51歳の時、1993(平成5)年に行われた世界選手権イエテボリ大会で全日本女子チームの監督を務めました。大会を通じて世界の卓球をつぶさに見ていると、新しい技術、新しい戦型などが次々に目に入ってきます。帰国して選手たちにその技術を伝えると興味が湧き、練習に取り組むようになります。新鮮な気持ちで練習ができたと思います。

40代までは国内で活躍する選手を育てることが目標でしたが、50代となり、国際大会を経験し

筆者が世界選手権で初めて全日本女子チーム監督を務めた、93年イエテボリ大会でのベンチ

ていくうちに自分の中で「世界で活躍する選手を育てたい」というように意識のハードルが上がりました。高校の部活動では、負けても教育的な効果があれば良しとしましたが、国際大会では結果がすべての世界です。中国や韓国などの強豪国にどのようにしたら勝てるか、練習内容もいろいろと考えなければなりませんし、責任の重さはまったく違うものでした。

当時の日本には、強化合宿を計画的に行うナショナルチームはありませんでした。世界代表が決まるのは、世界選手権が行われる年の1月末頃でした。世界選手権は4月末から5月に行われるのが通例ですから、強化に費やせる時間は3カ月くらいしかなかったのです。

「卓球ニッポン」と呼ばれた強い時代ならばまだ良いのでしょうが、各国のレベルも上がってい

2005年の上海大会から全日本女子監督に復帰し、06年ブレーメン大会では女子団体で二度目の銅メダルを獲得。写真左端が筆者

く中で、この短期間では強化の成果や結果は残せません。97年の世界選手権マンチェスター大会のあと、「ナショナルチームを作り、年間を通して合宿や遠征を行うべきだ」と私たちは日本卓球協会に提言したのです。

ワールドツアーや世界選手権に参戦する中で、なかなか結果が出せない時期もありましたが、2001年の世界選手権大阪大会で18年ぶりに団体銅メダルが取れた時は非常にうれしかったです。これで世界選手権の指揮を執《と》るのは最後だと思い退任しましたが、2005年の上海大会から再び日本女子チームの監督に就任。2006年と2008年に団体で銅メダルを獲得しました。

また、2008年北京オリンピックでは、福原愛・平野早矢香・福岡春菜の3選手とともに戦いました。結果は3位決定戦で韓国に敗れ、4位でしたが、選手たちは全身全霊をかけて戦ってくれました。その時、前述したとおり、練習場で中国選手がやっていた練習には大きな衝撃を受けたのです。サービスから3球目、レシーブから4球目の2回のラリーに最高の集中力で取り組んでいたからです。国際大会では海外選手の試合でのプレーだけでなく、練習から「なるほど」と思わされたことが何度もありました。

円熟の60代・70代。スポーツカウンセリングを学ぶという新たなチャレンジ

60代で迎えた大きな転機は、2010年4月から2015年3月まで、JOCエリートアカデミーの女子監督を務めたことです。

エリートアカデミーは、将来日本を背負って立つ、日本代表として活躍する選手を育てるというのが大きな使命です。それは技術だけでなく、周りの方から応援され、目標とされるような豊かな人間性を持った選手を育てるということです。浜本由惟や平野美宇という選手たちがエリートアカデミーに入校するのに立ち会い、学校との連係や、保護者代わりに三者面談にも行きました。成績や授業中の態度について、先生と話し合うこともありました。

エリートアカデミーの選手たちが、どのようにしたら個々の持ち味を生かし、試合で力を発揮できるか、いろいろ考えました。選手たちの中には5段階の成績表で言うと卓球は「5」でも、周りへの感謝の気持ちや、身の回りの生活面では「2」という子もいました。良い意味で言えば個性的、でも将来のことを考えると、卓球以外の面も自分のことは自分できちんとできるよう、育ててあげたい。そのためにはどのようにしたら良いかと、私自身かなり悩みました。「今どきの子」たちですから、ただ「やれ！」と言うだけでは効果はありません。

そこで私は早稲田大の葛西順一先生にお願いして、内田直先生のスポーツカウンセリングという講義を特別に受講させてもらうことにしました。もう70歳を過ぎていましたから、最初のうちは私が教室に行くと、学生たちは「先生が来た」と間違えました。また、講義は早稲田大卓球部の選手たちも受講していて、講義の前に皆さんが私のところに挨拶に来てくれ、周りの学生たちは不思議そうな顔をしていました。

講義を受ける中で一番印象に残っているのは「認知行動療法」という心理療法のひとつです。人間の性格は変えることはできないが、考え方は変えることができる。悩みのある人はなるべくポジティブに考えたほうが結果は良くなるというものです。

たとえば、試合になると緊張してしまって、普段の練習どおりの力が出せない選手がいるとします。結果を気にして、「負けたらどうしよう」「負けたら怒られる」「負けたらチームに迷惑を

NTCの外の桜並木を、エリートアカデミー生で掃除。「ありがとう」と言われる体験の場を作った

かける」という思考に陥りやすいからです。そういう選手へのアドバイスは、一本一本の積み重ねがあって結果になるわけだから、その過程の部分、試合の組み立て方や次の一本の取り方など、一本一本に対する考えに集中したほうが良い結果が出やすい、と話します。

エリートアカデミー生たちは、周りの方々にいろいろ教わり、協力してもらっている立場ですから、本人たちが「ありがとうございます」と言うのは当然です。ところが、逆に「ありがとう」と言ってもらう機会は少ないのです。そこで考えたことは、NTC（味の素ナショナルトレーニングセンター）の外の道には桜の並木があって、桜の季節が来ると花びらが舞い落ちて高く積もります。NTCの敷地ではありませんが、選手たちはランニングで道を使っていますから、私は人の役に立つ経験をしようということで「桜の花びらを掃き集めて掃除しよう」と提案しました。選手たちが掃除をしている時に、地元の方々が「ありがとうね」と声をかけてくださるのです。「ありがとうね」と言ってもらう体験をすることで、自分もありがとうという言葉で感謝の気持ちを現したほうが、相手の人が気持ち良く感じるのだな、ということがわかります。そうやってひとつずつ、教えたいことを体験しながら納得させていきました。

食事にしても、NTCの食堂に行けば時間内であれば食事はすぐ食べられる。それが当たり前になっているので、食堂の厨房に入って、料理を作る体験実習も行ったことがあります。利用者から「ありがとう」と言われて、良い気持ちになります。町の肉屋や八百屋で職業体験をさせてもらったこともあります。

体験しないまま、考えないまま競技だけをやっているとそのありがたさがわからず、どこかで壁にぶつかった時に感謝の気持ちを持てず、あきらめてしまう。「全部自分の力でやってきた」と誤解している子は、行き詰まった時に弱いのです。エリートアカデミーの子たちにも、「自分たちはみんなから応援してもらっていて、いろいろな人の協力があってこそ、このような生活ができている」ということを実感させる必要があったのです。

喉が乾いている時に水を出されたら「うれしい、ありがたい」と思います。その時に水のありがたさを教えれば、素直に納得できるでしょう。逆に喉が乾いていないのに水をすすめられて、そのありがたさを説かれても、あまり効果はありません。指導者の方もこの点をよく考え、選手に何か教えたいことがあれば、まず本人にその必要性を感じる体験をさせたうえで、アドバイスをすれば効果的でしょう。

白鵬時代もエリートアカデミーでも、選手たちは寮生活をしていました。3月末に入寮して5月頃になると、どの子もだいたいホームシックになって家に帰りたいと思うものです。お父さんやお母さんに会いたいと思った時に、今まで感じなかった両親への感謝を感じることができます。そこで「両親を喜ばせてあげるにはどうしたらいいか、それはここで踏ん張って練習して強くなることだ」と話をしてやれば、選手も我慢できるでしょう。

スポーツカウンセリングの講義を受けたことで、私自身も指導の幅が広がったと思います。

少数精鋭のエリートアカデミー。白鵬時代のノウハウを活用できない中で、将来を見据えた指導に取り組んだ

2010年4月、私がJOCエリートアカデミーの女子監督に就任した時、女子チームのメンバーは高校1年生の谷岡あゆかと佐藤優衣、中学1年生の石川梨良と森田彩音の4人だけでし

た。人数が少なく、出場する大会は国内外ともに個人戦が中心で、団体戦に出場する機会は、当時参戦していた日本リーグだけでした。

白鵬時代は、団体戦を目標としたチーム作りをしていたので、先輩・後輩というつながりの中に選手たちの絆がありました。しかし、エリートアカデミーでは白鵬で培ったノウハウを生かすには、難しい面がありました。

それでも、周囲からはエリートアカデミーというひとつのチームとして評価され、選手たちにはいつもその名前がついて回ります。中学1年で入学してきた石川と森田には「君たちが伝統を作っていく大事な学年だから、そのつもりで挨拶、返事、言葉遣い等はきちんとしてほしい」と伝え、メンバーによるミーティングや、練習開始前にちゃんと並んで挨拶をするなど、少しずつ白鵬時代のやり方を取り入れていきました。

白鵬時代はインターハイを大きな目標として年間の練習計画を作っていましたが、エリートアカデミーの最大の目標は世界ランキングを上げることです。そのために年間を通じて、ワールドジュニアサーキット等への出場を計画していましたが、身近な全国大会での経験ができないという所が一番の悩みどころでした。

エリートアカデミーの選手たちは毎朝8時頃に登校して、午後4時くらいに授業が終わって帰り、練習が始められるのは4時半くらいからです。午後9時には夕食に行かなければならないの

継続的な体力トレーニングが実を結び、平成28年度全日本選手権で女子シングルス初優勝を果たした平野美宇

で、練習できるのは毎日4時間くらいです。学校には毎日8時間いるわけですから、練習は学校にいる時間の半分です。

選手たちの使命は卓球で成績を出すことですから、私は「せめて学校6時間・練習6時間にしてほしい」とお願いしたのですが、結局要望はかないませんでした。午前中は学校で午後から練習、あるいは遅くとも午後3時くらいには練習を始めることができたら、選手たちの心の面でも余裕が持てるようになると思いました。夕食の時間が終わってから練習しようとしても、今度は23時という消灯時間に引っかかってしまいます。

エリートアカデミーというのは大きな組織です。卓球だけでなく、レスリングやフェンシングなど、合わせて7つの競技の選手たちがいます。レスリングなどは1日の練習時間は、3時間くらい集中して練習すれば十分のようです。卓球は3時間の練習ではどうにもなりませんから、競技の特性を組織の上の方々に理解してもらうのにも時間がかかりました。

練習環境という面では難しさもあったエリートアカデミーですが、もうひとつの使命は目先の勝利ではなく、将来を見据えて世界で活躍できる選手の育成でした。平野美宇が全日本選手権で史上最年少の優勝を果たし、次にアジア選手権で中国の強豪選手を3人倒して優勝、17年世界選手権でも日本女子では48年ぶりのメダルとなる3位という結果を残しましたが、エリートアカデミーに入校して取り組んできた体づくりの成果が出たと思います。

浜本由惟ならあれだけ身長があるので、今まで日本選手にいなかったバックハンドで振り抜いて得点できるスタイル、石川梨良ならラリー重視で凡ミスを減らしていくスタイルなど、選手それぞれの個性に合った、特長を生かす指導を心がけていました。

選手たちは互いに練習するよりも、中国人トレーナーと練習することが多いです。これは一長一短の部分があります。長所は練習時間をすべて自分の練習に使えることで、非常に効率的です。一方、相手を動かしてコースを突いたり、ブロック力を鍛えるなど、練習相手をすることによって伸ばせる部分も多くあります。得点力を高める練習はできますが、相手の攻めに対する対応力が身につきにくいので、「これは工夫が必要だな」と感じていました。

選手の自主性を尊重したサンリツでの指導。多く取り入れた多球練習

２０１８年3月まで3年間、監督として指導していたサンリツは、２００８年の北京五輪を最後に日本女子チームの監督を退任した後、1年だけ監督を務め、その後アカデミーで5年間指導してから、再度お世話になりました。

２０１５（平成27）年の全日本社会人選手権では、天野優がシングルス優勝、天野と中島（現姓：大矢）未早希のペアがダブルス優勝。翌年の２０１６（平成28）年の全日本社会人でも森薗美月がシングルス優勝、松本優希・平侑里香ペアがダブルス優勝という結果を残しました。また、全日本選手権では、平成27年度大会の女子ダブルスで天野・中島ペアが優勝。サンリツに初めて全日本選手権のタイトルをもたらしてくれました。２０１７年の日本リーグ後期では、選手たちの頑張りによって4年ぶりの優勝を果たしました。

私は今75歳ですが（18年7月現在）、20代の選手たちとは50歳以上の年の差があります。率直に言って、考え方にも大きな差があります。

社会人のチームですから、私が長く指導した高校生チームとは指導内容もかなり違いがあり、選手たちの自覚、考え方を尊重しました。選手たちは会社とプロ契約の選手としてプレーしてい

ます。自分で自分の卓球を設計し、どうすれば勝てるのかを考えて結果を出さなければなりません。もちろん、本人たちが疑問に感じた点は相談に乗りますが、私から指導を押し付けることはしませんでした。この点は高校生の指導とは違います。

練習メニューの大枠はスタッフで決めますが、内容は選手本人に任せています。大きな大会が終わると個人ミーティングをして試合後の反省を聞き、また試合を見た感想を伝えます。練習中も声掛けはしますが、基本的には自主的に自分の課題に取り組むようにしていました。

指導者にはいろいろなタイプがありますが、私は多球練習を通じて選手と心を交わし、練習するのが基本のスタイル。サンリツでもこの方法を用いました。

多球練習の参考になったのは、国際大会の練習場です。各国のコーチが自国選手の練習で、工夫した多球練習をしていました。中国人コーチの多球練習を見る機会も多くありましたが、卓球の進化の中で、多球練習もより実戦的な内容が必要です。ピッチの早さ、回転量、厳しいコース等がなければなりません。多球練習も進化が必要です。

球出しには体力も必要ですから、私も体力トレーニングは欠かさずに取り組んでいます。「良い多球練習ができなくなったら指導者は引退」だという思いで、今も頑張っています。

最近の私の多球練習では、多球練習の課題であるミスへの意識を高め、合わせて多球の効果を取り入れたT・R（多球ラリー）を考えました。

平成 27 年度全日本選手権、女子ダブルスで優勝を果たした天野優（中央）／中島未早希（右）をベンチで迎える

多球練習はミスによるボール拾いの時間を短縮し、単位時間当たりの打球回数を多くし、練習の効率を高めることができますが、一方ミスを繰り返してもあまり意識せずに練習をこなしてしまう課題があります。そこでT・Rはトスの後、私がラリーで一球返球することにしました。選手は自分がミスをすると練習が成立せず、何とか入れようとします。その後、トスで3〜4球ボールを送ります。

また、多球練習で選手ふたり（仮にAとBとする）でラリーし合う練習も効果的です。この場合はコートの両サイドにAとBを立たせ、Aに私がツッツキを送り、Aはドライブでコース指定、たとえば相手のバックに打ちます。Bはブロックでオールに返球し、その後AとBはフリーでラリーを行う。このような練習は、多球練習と一球練習の課題を克服した良い練習と言えるでしょう。

2017 年 JTTL ファイナル 4 でのベンチ風景

2018 年 3 月末で、サンリツ女子卓球部の総監督を勇退

第8章

今でも胸が熱くなる素晴らしい出会い

「今回日本で獲ったメダルのほうが何倍もうれしい」。胸が熱くなった羽佳純子選手のひと言

2001年の世界選手権大阪大会・女子団体の準々決勝、ルーマニア戦ラストで高田佳枝選手が勝って、日本女子チームが18年ぶりの銅メダルを決めた時のことです。みんながベンチでうれし泣きしていた時に、羽佳純子選手がひと言「中国から出場して獲ったメダルより、今回日本で獲ったメダルのほうが何倍もうれしい」。この言葉を聞いた時、私は胸が熱くなりました。

彼女は結婚して子どももいて、一度は引退したのですが、日本に来てちょっと試合に出てみようかという感じで全日本に出て、小山ちれ選手に負けてベスト8でした。私はその試合を見ていましたが、大阪大会ではチームにひとりはカットマンが欲しいという思いがあったのです。そこで彼女と会って、「あと大会まで1年半あるけれど、もう一度しっかり練習して、世界選手権を目指してみないか」と話したのです。

ちょうどその時、羽佳が所属するサンリツの監督は、私の教え子の室重明世でした。その頃、私はまだ羽佳とはそれほど面識がなかったので、室重を通して一度会いたいと伝えてもらいました。それで12月の全日本が終わった後、1月の初旬に会って話し、「2、3日考えさせてほしい」ということでした。しばらくして「やります」という返事が来ましたが、体力も技術も落ちてい

2001 年世界選手権大阪大会の女子団体準々決勝、ルーマニア戦ラストで勝利した高田佳枝選手（左）をベンチで迎え、涙する羽佳純子選手（右）

るので、旦那さんと子どもを東京に置いて、中国に何度か合宿に行きたい。そして大会に向けて準備したいと言ってくれました。

羽佳は準々決勝のルーマニア戦の前日に疲労と緊張で体調を崩してしまい、チームドクターの森照明先生に必死で治療していただきました。彼女は「どんなことがあっても絶対に試合には出ます。この大会にすべてを懸けてきたのだから、自分の体はどうなっても構わないです」と言いました。翌日、幸いなことに熱も下がってルーマニア戦に出場できました。そのふたつの決断があってメダルが獲れたので、中国で恵まれた環境の中で獲ったメダルよりも価値があると言ってくれたのです。一流選手はやはり心も一流であると感じました。

この一年半で私の髪も白髪がグーンと増え、見るからに老人の頭になってしまいました（笑）。

「私にこんな良い場面を作ってくれてありがとう」。チームメイトを思いやった福原愛選手

2006年のブレーメンでの世界選手権団体戦で、ハンガリーとメダル決定戦（準々決勝）を戦った時のことです。前半で福原愛選手と福岡春菜選手で2点取ったのですが、福岡が試合後のラケットコントロールで失格になりました。前半を終えて、本来は2−0なのに1−1になりました。メダルを懸けた大事な試合で2−0になるのと、1−1になるのでは大違いです。私としては納得できない部分もありましたが、3番の金沢咲希選手のゲームが始まっていたので、そちらに集中しました。

なぜ福岡のラケットが失格になったのか、その状況を明らかにすることは他の方にまかせて、目の前の金沢の試合に集中するしかありませんでした。3番の金沢が勝って2−1になって、4番が福原とポータのエース対決。その時、福原はベンチで泣いている福岡にこう言ったのです。

「春ちゃん（福岡の愛称）、私にこんな良い場面をプレゼントしてくれてありがとう。次の試合、私が絶対勝ってくるから、もう泣かないで。」

メダル決定戦で、自分が勝てばメダルが決まるという良い場面を作ってくれてありがとう、という意味です。チームメイトを思いやるその言葉に私は胸が熱くなりました。結果的に福原はポー

2008 年世界選手権団体戦、グループリーグ第 4 戦の韓国戦ラストでマッチポイントを奪われながら勝利し、ベンチで涙を見せた福原愛選手

タに3−0で勝ち、メダルが決定。まさに棚からポタ餅でした（笑）。選手たちは涙のメダル獲得で、最低限の期待に応えることができたのです。

福原の言葉で、もうひとつ印象に残っているのは、2008年の世界選手権団体戦・広州大会でのひと言です。

この大会では福原は調子が今ひとつで、対照的に平野早矢香選手が絶好調、日本チームは連勝を続けていました。韓国戦でも平野が2点取って、福原がラスト。試合はゲームオールになって、最終ゲームは9−10でリードされていたのです。相手は右のペンドライブ型の文炫晶。それほど強い攻めはないけれど、粘り強いタイプでした。結果的に福原は追いついて、逆転勝ちをしたのですが、そのときに重圧から解放された彼女が発したのが、「負けて泣いたことはたくさんあるけど、勝って泣いたのは初めてです」という言葉でした。

福原は非常に責任感の強い選手でした。自分が勝って、応援してくださる方に恩返しをしたいという思いが非常に強く、それがうまく噛み合った時にはすごい力が出ますが、うまく噛み合わない時に考えすぎて、ミスを引きずってしまうことがありました。

選手というのは10人いたら、そのうち8人か9人は試合で硬くなってしまいます。このような性格の選手には、「結果より次の一本に集中しよう」と、なるべく安心して試合ができるような言葉がけが必要です。そして勢いづける言葉をかけたいものです。

「レシーブ後の4球目でブロックしてから展開を作ってもいいですよね」。攻めの意識が強すぎた平野早矢香選手の「気づき」

試合では硬くなって力が出せない選手がほとんどですが、中にはそうでない選手もいます。プレッシャーをかけたほうがやりがいを感じて、良いプレーをする選手がいます。平野早矢香選手がその典型でしょう。

平野は「攻めよう」「攻めよう」という意識が非常に強い選手です。常に動いて攻めようという意識を持っています。それが噛み合っている時は良いのですが、レシーブから4球目ですべて攻

相手に「打たせる」作戦を取ることでプレーに余裕が生まれ、幅が広がった平野早矢香選手

撃的なプレーをするのは困難です。

そんな平野が、ある試合でこんなことを言ってきました。「相手に3球目を攻めさせて、4球目でブロックしてから展開を作ってもいいですよね」。

これは彼女にとって、ひとつの「気づき」だったと思います。それまではサービスからはもちろん、レシーブからでも全部攻めようというプレーでしたが、それだと攻めることができない時の気持ちの準備ができておらず、ブロックミスにつながります。「ああ、自分の卓球ができない」と思ってしまうのです。

選手というのはレシーブから崩れて、サービス時にも気持ちを引きずって影響が出てしまい、プレー全体が崩れるパターンがよくあります。それはレシーブの時に、自分の卓球に対する思い込みが強すぎるからです。サービスの時もレシーブの時も、全部自分の卓球をしようとするから、相手のプレーと噛み合わない。それで「今日は調子が悪い」と言っているのです。

その時、平野はひらめいたのでしょう、「レシーブを入れて、相手に3球目を打たせてラリーに持ち込めばいいですよね」と言ったのです。そこからレシーブで気持ちの余裕が出て、ブロックのミスが減り、プレーの幅が広がったと思います。3球目は打たれるのではなく、打たせるという作戦です。

選手というのはレベルが上がってくると、このように戦術の幅が必要になります。自分から攻めるだけでなく、相手に攻めさせて得点を狙う。自分のことばかり考えていたのが、相手のやることに気がつき、相手がよく見えてくるようになります。それは指導者がいくら言っても、選手本人の「気づき」がなければ、なかなかプレーが変わっていきません。試合は相手とやるもので、サービス以外の打球、たとえば3球目は相手のレシーブに応じて何をするかを判断し、レシーブや4球目でも相手のプレーに対する予測はするものの、最終的には判断が必要です。

1本ずつ交互に打つラリーにおいて、相手のプレーと噛み合わないと勝つことは難しくなります。攻める、守る、つなぐ、この3つのプレーが卓球のラリーにはありますが、ベンチからの応援やアドバイスが「攻めろ」に偏ってしまうと、守るプレーやつなぐプレーが噛み合わなくなる。やはりレシーブの時は、そう簡単には攻められません。

目に見えない力を持っている石川佳純選手。16年世界選手権団体戦での一本の電話

２０１２年ロンドン五輪の団体準決勝、シンガポール戦で王越古に勝利し、日本の決勝進出、史上初の銀メダル獲得に大きく貢献した石川佳純選手。

ロンドン五輪後に石川は私に、「あの時の経験が生きました」と言ってくれました。あの時とは、２００８年の世界選手権団体戦・広州大会の準決勝、対シンガポール戦の一番で石川を起用したことです。結果的には負けてしまいましたが、将来が期待される有望選手でしたから、「思い切っていけ」と言って送り出しました。

石川は天才というか、何か目に見えない力を持っている選手だと思います。「神《かみ》ってる」ではないですが、何か秘めたものを持っている。その最たるものが、09年世界選手権での帖雅娜戦の、ゲームカウント０−３、カウント３−９からの逆転勝ちでしょう。あの試合は間違いなく球史に残る勝利です。指導者は口では「最後まであきらめるな」と言いますが、「佳純ちゃんはゲームカウント０−３の３−９から逆転したんだから」と言えば、それは説得力が違います。選手の指導にも使えるわけです。「最後まであきらめない」ことを体現した石川は、やはり人並外れた何かを持っています。

彼女の良いところは感覚、ボールタッチのセンスの良さ。それは後天的に努力してもなかなか身につきません。ラケットに当たれば、どんな時でも相手コートに入りそうなボールを打てる。それは素晴らしいセンスだと思います。

性格的には小さいことにこだわらないマイペースな性格で、それは良い意味では「ミスを引きずらない」ということにつながります。普通の選手は、試合で2本ミスが続いたら、3本目はプレーが安全志向になりますが、安全なプレーというのは相手の待ちにはまり、攻撃されやすいプレーです。その中で石川は、2本ミスが続いても、3本目で逆を突いたり、リスクを負いながらも相手の予測を外すプレーができるのです。

2016年のマレーシアでの世界選手権団体戦で、日本女子は第1ステージの最終戦でドイツに敗れ、石川は4番でドイツの左腕ゾルヤに負けました。グループリーグは1位通過しましたが、抽選の結果、準々決勝でドイツと再戦する組み合わせになりました。そのグループリーグが終わった日の夜に、石川から電話があったのです。

大会前に石川に会った時、「サウスポー対策」に力を入れたいと言ってきた石川に対して、私は「サービスの組み立てが右利きの選手と同じようになっている」とアドバイスしました。右利きの選手に対しては、ミドル前から相手のフォア側へ曲がるサービスや、ストレートへのロングサービスなどがありますが、サウスポー用のサービスがなかったのです。「サウスポー用のサー

2016年世界選手権団体戦、予選リーグで敗れたゾルヤに準々決勝でリベンジした石川佳純選手（左）

ビスを考えてみたら？」と、具体的にはフォアハンドの巻き込みサービスを提案しました。

私は石川がゾルヤに敗れた試合のテレビ解説をしていたので、この試合のスコアをつけていました。その中でひとつ発見したのは、ゾルヤはフォア前のサービスに対してはレシーブはツッツキしかないということです。「フォア前に巻き込みの下回転系サービスを出したら、確実にツッツキかストップで返してくる。それを待って3球目攻撃をすればいい」と伝えました。

最初にゾルヤに負けた試合で、石川のサービス時の得点率は40％くらいしかありませんでした。10球サービスを出して、4点しか得点できない計算になります。それが2回目の対戦では、60％くらいまで上がっていました。ゾルヤに勝った後、本人は「やったー！」と満面の笑顔で私のところに来て、本当にうれしそうでした。ミックスゾーンでのテレビのインタビューでも、石川は「前回は負けたのに、どうやって今回は勝つことができたのですか?」と聞かれて、「近藤先生にアドバイスをいただいたサービスを使いました」と言っていたそうです。

国内での実績が少なくても監督推薦で起用。「秘密兵器」として大活躍した福岡春菜選手

2006年世界選手権団体戦ブレーメン大会で、私は福岡春菜選手を代表メンバーに抜擢しました。彼女はまだ国内大会での実績は少なかったのですが、国際競争力を評価し、監督推薦として代表に抜擢した、まさに秘密兵器的な起用でした。この起用については「国内での実績がほとんどないのに、なぜ選ぶのか」と、批判的な意見がありました。

しかし、私は彼女の独特なプレースタイルと、世界大学選手権シングルス決勝で中国選手に勝って優勝した実績を買い、国際競争力の高さを評価したのです。世界大学選手権の決勝では大接戦の末、逆転勝ちで勝利していた。これはやりにくさだけで勝ったのではなく、相手に対応されてもさらに戦術を変えて勝てる能力があるということです。

当時、彼女の在籍していた日本大学の監督は坂本憲一さん。娘さんは白鵬に在籍していたし、

2006年世界選手権団体戦で、日本女子の「秘密兵器」として代表に抜擢し、期待に応える活躍を見せた福岡春菜選手

彼自身も同じ神奈川の相模工大附（現・湘南工大附）で高校時代から大活躍し、よく知っていました。そこで坂本さんには、ブレーメン大会の１年前くらいに「福岡をなんとか来年の世界選手権団体戦で使いたい」という相談をして、学校の配慮もあって中国で２カ月間合宿をすることができたのです。これは秘密裏の特訓で、普通なら中国も、大会前にライバルである日本の選手の受け入れを拒否するはずですが、私の親しかった南京の楊光炎さんにお願いして実現することができました。そして福岡はひとりで中国に飛び、強化合宿を行うことができたのです。相手に見られると対策を立てられてしまうので、ワールドツアーにも出しませんでした。秘密兵器ですから。彼女も代表に抜擢されたことを意気に感じて、非常に頑張ってくれました。

福岡は結果的に団体戦では7勝1敗の好成績で、期待どおりの活躍を見せてくれました。1敗はラケットコントロールでの失格だけでした。彼女のような独特な用具、独特なサービスとスタイルの選手は一発勝負に強いのです。

まだ代表に決まっていない、大会の1年くらい前に彼女には「君は秘密兵器だから、これから国際大会には出さないよ。一発勝負で勝てばいいんだから。周りからいろいろ言われると思うけれど、選手を守るのは監督の仕事だから、心配しなくていい」と言いました。彼女も性格面では繊細なところがあり、不安もあったと思いますが、期待に応える大活躍でした。また、このプレーメン大会ではキャプテンに藤沼亜衣選手を指名。彼女の人望でチームをよくまとめ、重責を果たしてくれました。

後藤鉀二先生にいただいた座右の銘。「取れないボールを取れ」という野田喜一校長の教え

高校時代というのは、人生の心の基盤ができる重要な時期です。私はその重要な時期に学長の後藤鉀二先生との出会いがあり、その後の人生の中で大きな影響を受けました。

名古屋電気高校（現・愛工大名電高）の卒業アルバムには、後藤先生に「初心忘るべからず」と

自筆の書をいただきました。私としては「座右の銘」というか、この言葉を常に心に留めながら、自分を戒めるようにしてきました。京浜女子商業で指導するようになってからも、新入部員の練習日誌にこの言葉を書いて、意味を説明していました。

後藤先生は非常に厳しい半面、選手に深い愛情を持っておられ、威風堂々としていました。眼光は鋭く、にらまれると怖かったです。学長が卓球部の部長のような存在だったので、環境という面では非常に恵まれていました。私が高校生の時に野球部ができて、同級生の中村豪くんが大学卒業後に学校に戻ってきて監督となり、後にイチロー選手を育てました。

高校時代は食べるものもまだ豊富にはない時代。私もやせ細った選手でしたが、練習はよくやりました。当時は卓球部だけの寮があり、15～16人の寮生で、寮母さんが食事を作ってくれていました。

「初心忘るべからず」という座右の銘を与えていただいた後藤鉀二先生

後藤先生は、私たち選手には優しかったのですが、当時の野田喜一監督にはとても厳しかったです。野田先生は後藤先生に対して、かなりピリピリした雰囲気がありました。

私が高校1年の時の新人戦で、名古屋市大会で名電が負けてしまったことがあります。名電は全国区の強豪校ですから、市内の大会で勝つのは当たり前。それが負けてしまったのですから、怒られるのは当然です。当時は試合が終わると、後藤先生のお宅に報告に行くのが決まりでしたが、挨拶に行く前に野田先生から「お前ら、負けたのだから坊主にしてこい」と言われ、床屋で髪を剃ってもらったこともありました。

高校3年の時、岡山インターハイで我々が団体優勝した日、後藤先生はホテルに来てくださり、「よく頑張った」とほめていただきました。「これで何かみんなに食わしてやってくれ」と、野田監督にお金を渡され、それでみんなでカツ丼を食べに行きました。その美味しさは今でも忘れることはできません。今でもカツ丼を食べると、その時の思い出が蘇ってきます。それだけ重みのある優勝だったということでしょう。

1971(昭和46)年に名古屋で世界選手権が開催され、国交のない中国選手団が大会に参加。このことがきっかけで、中国とアメリカの「ピンポン外交」が始まりました。日本も翌年、田中角栄首相が訪中して、国交が正常化されました。私はすでに京浜で指導者になっていたので、選手たちと一緒に名古屋大会を見学に行きました。

最近ではサンリッツで指導している時も、選手たちに卓球を通じて人間的成長をしようと呼びかけ、高校時代に自分が受けた指導をアドバイスしました。たとえば、練習が終わったあとに転がっているボールがひとつもないように拾う、卓球台はまっすぐに並べる、練習場の来客用のスリッパはちゃんと揃える、などを選手に要求しました。

競技の成績だけではなく、「躾」の部分も指導されることがスポーツの素晴らしい所であり、スポーツは文化であると思っています。後藤先生に直接そういう指導を受けたわけではありませんが、名電の先輩たちの姿を見て、自然にそういう所が身についていったのです。

監督の野田先生によく言われていたことは、「取れないボールを取るのが練習だ、絶対にあきらめるな」、そして「インターハイは負けたら終わり、負けないような練習をしろ」、これを口癖のように言われました。

「取れないボールを取る」と言うようになったのは、私たちが高校1年の時のインターハイで柳井商業高と対戦した時、チームカウント1−2の4番で名電は相手に1ゲーム目を取られ、2ゲーム目も16−19で負けていたそうです。そして18−20になり、「あと一本取られたら負け」というところで、名電の先輩がロビングを上げたボールを相手選手がスマッシュして、そのボールがネットイン。相手選手は「決まった」と思って、卓球台に背を向けてベンチを振り返り、「ヨーシ！」と声を出しました。

ところが、先輩はネットインしたボールを前に転びながらなんとか返球、相手コートに返したのです。相手選手は台を振り返って「あ、返ってきた！」とあわてて構えて打ちましたが、ミスをしたのです。このプレーがきっかけでジュースまで挽回し、結局4番の試合は2−1で逆転勝ち。そしてラストでも勝って柳井商業高に3−2で大逆転勝ちし、その勢いで男子学校対抗で優勝を果たしたのです。

「あの時、あの一本をあきらめていたら優勝はなかったんだ。だからネットインでも、取れないと思うようなボールであっても必ず追いかけろ！」。野田先生はいつもそう言っていました。多球練習の時に、先生は時々とんでもない方向にボールを打つことがあるのですが、それを私たちは追いかけて取りに行かなければならないのです。また、3本続けてミスをしたら、先生のところに行って「精神注入棒」と書いてある樫の棒でお尻を叩かれました。硬い樫の木で叩くわけですから、本当に痛かったのです。

そうした厳しい指導があったからこそ、私は何事にもあきらめない粘り強い精神力が身につきました。今でも感謝の気持ちは変わりません。

中国の盟友・楊光炎さん。選手の素質を見抜く4つのポイント

1987（昭和62）年、92年バルセロナ五輪代表になった松本雪乃（白鵬2年）と佐藤利香（同1年）が、インドネシアのスラバヤで行われたアジアジュニア選手権に出場しました。

私は女子の監督としてこの大会に派遣され、その時に中国チームの監督として参加していたのが楊光炎さんです。監督者会議や食堂などで一緒になることがよくあって、不思議と目が合うのです。ライバルというより、初対面なのに親近感が湧いて、そのうち挨拶して言葉を交わすようになりました。

楊さんは物静かな方で、初めて会った時から目つきや顔つきで「ビビッ」とくるものがあり、「なんだかすごい人だな」という印象を受けました。ひと言、ひと言が突き刺さる言葉というか、ビシッと核心を突いてくる。あまり言葉が通じるわけではないのですが、片言の英語で話すうちに「中国の南京に合宿に来ませんか?」と誘っていただいたのです。楊さんは江蘇省チームの総監督をしながら、中国のジュニア女子の監督も兼ねていました。

当時も実力的には中国のほうがずっと上。合宿に誘われたのは光栄なことなので、うれしかったことを覚えています。この大会では、松本と佐藤がジュニア女子ダブルスで3位に入ったのが

最高成績でした。

それから選手たちを連れて、南京に通算5回くらいはお世話になったと思います。一度、こんなことがありました。白鵬がインターハイで4連覇していて、5連覇を狙っていた年の春のことです。また南京に合宿に行った時、楊さんから「インターハイで5連覇を達成するためには、中国人の選手をひとり入れたらどうですか?」と提案してくださったのです。「中国のジュニアの選手であれば、私が言えば誰でもOKしますよ」ということでした。

当時は他の学校では、中国からの留学生選手が多くいた時期でした。しかし、楊さんの提案を私は断ったのです。「自分のチームを中国での合宿で強くしてもらって、すごく感謝しているけど、中国選手を入学させて勝とうとは思っていないんですよ」と伝えると、楊さんは不快な顔をするどころか、逆に「非常に感銘を受けた」と言ってくださったのです。それまでも楊さんは、いろいろな人に頼ま

左から2番目が楊光炎さん、3番目が筆者

江蘇省女子チームと白鵬女子高チームの集合写真。後に中国代表として活躍した李菊（後列右から２番目）や楊影（同３番目）もいた

れて、中国選手を日本に紹介していましたが、紹介を断ったのは私だけだとおっしゃっていました。そして「自国の選手だけで戦いたい」という考えに、私も賛成です」とおっしゃってくださいました。この一件以来、私たちの信頼関係はさらに深まったのです。

私たちが南京で合宿を行った時は、楊さんは白鵬の選手たちの相手に、わざわざ中国のナショナルチームの選手を呼び寄せてくれました。楊影、李菊、鄔娜など世界チャンピオンを計12名育てたほどの名指導者です。中国では非常に力のある方なのですが、白鵬の選手に多球練習の球出しをしてくれたこともありました。これを見た南京の選手たちが、「私たちでさえ楊先生に多球練習はしてもらえないのに、なんで白鵬の選手たちはやってもらえるの？」と言っていました。私が留学生選手を断ったことで、楊さんの心に響いたのかもしれません。練習でも、「あの選手のサービスを白鵬の子に教えてもらえますか?」と頼んだらそのとおりにしてくれたり、こちらの要望を何でも聞いてくれました。年齢は私のひとつ上ですが、こういう心の広い、温かい指導者に私もなりたいと感じました。

95年の天津での世界選手権の時には、私は全日本女子チームの監督だったので、中国のナショナルチームで練習をお願いしたいと楊さんに頼みました。そうしたら楊さんが了解を取ってくれて、中国の2軍の選手たちと合宿をすることができました。

また、08年北京五輪の際、中国での練習場の確保に苦慮していた私はやはり楊さんに相談しました。当時、中国は自国で開催するオリンピックの前ですから、外国選手は一切受け入れないことになっていましたが、楊さんの力で秘密の練習場を確保することができたのです。

「2008年の北京オリンピックが終わったら、私は全日本女子チームの監督を退任します。そうしたら日本にご招待します」。楊さんにはそう言っていたのですが、2008年の1月に亡くなってしまいました。私はとても悲しい気持ちになり、8月のオリンピックが終わって、すぐ南京に行き、お墓参りをしてきました。

中国卓球協会の蔡振華会長も、かつて楊さんの指導を受けたひとりですが、私のことを楊さんの古い友人だと知っていて、世界選手権の会場などで会うと挨拶をしてくれます。私が北京オリンピックの後で、南京にお墓参りに行ったことも彼は知っていて、私にはとても親切にしてくれました。中国人はそういう義理堅いところがあるのです。

楊さんの指導を見ていて、非常に勉強になったのは多球練習です。たくさんのヒントをもらいました。球出しの時にボールに強い回転をかける出し方や、フェイントをかけて逆コースにボールを出し、実戦に近づけるテクニックも教わりました。

私が南京に行く時は楊さんは必ず上海まで迎えに来てくれ、帰りも上海まで送ってくれました。しかも、合宿中は同じホテルに泊まってくれるのです。夜はふたりでビールを飲みながら、卓球界のいろいろな話をしてくれました。

12人も世界チャンピオンを育てた楊さんに、選手たちの将来性や素質をどうやって見抜くのか、尋ねてみたことがあります。彼は小学生の試合を見に行って、将来有望だという選手を見つけてくるそうですが、4つの基準があるということでした。

まず「感覚」です。ボールを打ち返す時に、極端なオーバーミスやネットミスをしない選手。次に「勝負強さ」、リーグ戦などをやっていて、競るけれども3–2で勝つ試合が多い選手。試合の駆け引きや試合運び、終盤での強さなど、天性の勝負勘を持っている選手です。

そして3つ目は「動きの良さ」、つまり運動神経です。逆を突かれて体勢が崩れていても、さっと打球する角度が出せる選手。そして最後に「卓球が好きである」ということです。三度のメシより卓球が好きで、みんなが帰ってもひとりで残って練習できる選手です。

この時に楊さんが教えてくださった「4つの基準」を、私は今も心に留めて、若い選手の観察をしています。絶対忘れてはいけないことだなと思っています。

加えて、私から見た素質のある選手というのは、他の人にないようなプレーをする選手です。自分だけのユニークなサービスを出す、3球目攻撃でのフォアドライブでうまく逆を突くなど、基本どおりの技術というよりも、ちょっと型破りなプレーに魅力を感じます。性格的にも、「はいはい」とすぐ返事をする素直な子より、ちょっと羽目を外すくらいの子のほうが卓球、勝負事には向いていると感じます。もちろん、まじめに努力する子も大事です。

卓球に理解のあるサンリツの三浦正英会長
会社を挙げたバックアップ体制

2018年3月まで3年間、私が監督をしていたサンリツは、2008年の北京五輪を最後に日本女子チームの監督を退任した後、2009年にも1年だけ監督を務めていました。

サンリツの三浦正英会長は卓球には非常に理解のある方で、あれほど選手のために支援してくださる方はなかなかいません。三浦会長がいらっしゃるからこそ、サンリツの選手たちは現在の

卓球に非常に理解のあるサンリツの三浦正英会長（左）。会長のおかげで、選手は恵まれた環境で練習することができている

ような立派な練習場で、非常に恵まれた環境で練習することができているのです。

２００９年に監督を務めた時は、福原愛選手がゴールド制（所属していなくても日本リーグに出場できる制度）でサンリツチームから出場してくれました。後期リーグは海外遠征があって出場できなかったのですが、チームは前期・後期優勝という素晴らしい成績を収めました。

チームもここからさらに上を目指す、というところだったのですが、２００９年の９月に日本卓球協会から「エリートアカデミーの指導をしてくれないか」という打診があったのです。前任の監督が退任されたからです。私としては就任して１年目のチームを離れるのはしのびなかったのですが、エリートアカデミーは日本卓球協会の大事な事業でしたし、ＪＯＣ（日本オリンピック委員会）

に対する面子《めんつ》もありました。私が三浦会長に相談すると、「そういう事情ならばしかたない」ということで、気持ちよく送り出してくれました。

結局、エリートアカデミーでは5年間、女子監督・男女ヘッドコーチを務めましたが、そんな時期にサンリツの脇ノ谷直子監督が体調を崩して、監督を続けることができなくなってしまったのです。その時に三浦会長から「サンリツに戻ってきてほしい」と言われました。

義理と人情ではありませんが、「戻ってきてほしい」というこのひと言に、私はグラッと心を動かされたのです。「そこまでおっしゃっていただけるなら、再び監督に就任しよう」と決心しました。

サンリツでは、卓球部出身の方々が会社の重要な役職に就いていて、その方々の活躍により、会社の業績も伸びてきたそうで、卓球の功績が認められているのです。会社を挙げて卓球部をバックアップしてくれています。

平成27年度の全日本選手権女子ダブルスで天野優・中島未早希ペアが優勝しましたが、テレビのニュースなどで報道され、サンリツという名前が出たことで、社員が取引先の人たちから「優勝しましたね」「すごいですね」と声をかけられたそうです。そこから一気に話が盛り上がり、仕事がうまくまとまったこともあったそうです。取引先の銀行からお祝いや電報もいただきました。卓球部の活動が会社の宣伝に役立ち、メリットのひとつになったようです。

指導者として今、一番脂が乗っている日産自動車卓球部の先輩、小林秀行さん

現在、横浜隼人中・高の卓球部で強化専任スタッフを務める小林秀行さんは、日産自動車卓球部時代の一年先輩です。日産時代は4年間ダブルスを組み、休みの日には小林さんの母校である関東一高に練習に行ったり、水村治男さん（元全日本女子チーム監督）がいた大日本印刷に行ったり、いろいろな所に一緒に練習に連れて行ってもらいました。

小林さんが現在指導している横浜隼人は、もともと卓球が盛んな学校ではありませんでした。2005年のインターハイを最後に白鵬女子高が卓球部の活動を停止して、「このままでは神奈川県全体のレベルが下がってしまう」ということで、日産自動車を退職されていた小林さんが、自宅の近くにある横浜隼人で2005年4月から卓球部の強化をスタートすることになったのです。

今でこそ、横浜隼人は全国区の強豪校としてその名を馳せていますが、当時はまさにゼロからのスタート。学校には寮がなく、県外から入学してくる選手はご両親も一緒に横浜に引っ越してきて、アパートを借りるケースもあったようです。軌道に乗せるまでには、いろいろな苦労があったと思いますが、日産自動車卓球部のＯＢたちが練習に協力したり、選手にアドバイスをしたり、

サポーターをしています。

小林さんは今年で77歳になります（18年7月現在）。選手たちとは60歳ほどの年の差がありますが、指導者としては今、一番脂《あぶら》が乗っていると言えるでしょう。それは流れを変える「キーパーソン」となる選手が出てきたからです。平成28年度の全日本ジュニア女子で優勝した笹尾明日香選手です。

笹尾選手の優勝をきっかけに、横浜隼人中が全国中学選抜（17年3月）で初優勝。また全日本選手権の女子ダブルスでは平成27年度大会で中島未早希選手（天野優選手とのペア）、平成28年度大会で永尾尭子選手（平田有貴選手とのペア）とＯＧが連続で優勝し、18年1月に行われた平成29年度大会でも女子シングルスで永尾選手が3位に入りました。なかなか勝てない時代を経て、キーパーソンの登場をきっかけに流れがグッと来ているのです。

チームの中から成績を残す選手が出てくると、選手たち

日産卓球部時代の
小林さん（右）と筆者

横浜隼人の選手を笑顔で迎える小林さん

は「あの人が優勝できたんだから、私にもできるんじゃないか」と思うのです。今まで遠いと思っていた成績やタイトルが、ずっと身近に感じられます。

同時に選手たちは、「この指導者についていけば勝てる」と思うようになります。指導者にとっては、これが一番大きな宝です。今までと同じ指導者の言葉でも、選手たちには変わって聞こえてくる。これから横浜隼人はますます強くなっていくでしょう。

無償で子どもたちを指導。卓球を通じて心を育てる田島外次さん

熊谷でＴＴＣＡ（テーブルテニスクラブあすなろ）というクラブを主宰し、子どもたちを教えている田島外次さんという方がいます。本業は運送会社の会長さんですが、昔倉庫で使っていた建物に卓球台を5台ほど入れて、地域の中高生や小学生に卓球を教えています。私の教え子で、全日本の女子ダブルスチャンピオンにもなった秋山（現姓：前島）真樹子が近所に住んでいて、彼女を介して「一度会いたい」ということで連絡があり、それからたびたび熊谷を訪れるようになりました。

田島さんの卓球場には20人くらいのお子さんが通っていますが、すごいところは月謝は一銭も取らず、全部ボランティアで指導していることです。それどころか、ラバーなどの用具を子どもたちに提供したり、すべて私財を投げ打って教えておられるということです。子どもたちにもとても慕われていますが、なかなかできることではありません。

卓球だけが強くなればいいのではなく、勉強も疎《おろそ》かにしない「文武両道」が田島さんの理念で、成績が下がった子は卓球場に出入り禁止になるそうです。もうひとつの理念は「心・技・体」に、考える「考」と周りを思いやる「和」を加えた「心・技・体・考・和」です。

熊谷の田島外次さんの練習場にて。前列左から５番目が田島さん

私は36歳の時に病気をしてから、指導するうえで「勝つこと」から「育てること」への意識の変化がありました。最近のスポーツ界ではレスリングのパワハラ問題やアメリカンフットボールの悪質な反則など、多くの問題が出てきていますが、それは旧態依然とした「勝利至上主義」のままでやってきたことの弊害でしょう。

最近は卓球でも競技開始年齢が低下して、そこに選手の両親が関わってくるケースが多く見られます。うまくいったケースももちろんありますが、途中で卓球が嫌になってやめてしまう子や、自分が強くなることだけを考え、周りに目がいかない子もいます。卓球を通じて心を育てるという田島さんの姿勢には、学ぶところが多いのではないでしょうか。

アイデアマンの村上恭和さん。01年世界選手権大阪大会での「メダル獲得作戦」

私が全日本女子チームの監督をしていた時、ヘッドコーチを務めてくれていたのが日本生命の村上恭和総監督です。彼は社会人チーム、私は高校生のチームを指導していましたが、世界代表チームは社会人選手のほうが多いので、彼に選手たちのまとめ役と情報収集を担当してもらいました。村上さんはアイデアマンで、長期的な戦略を立てるのに長《た》けていました。もうひとり、データ分析や戦術を担当してくれたのが渡辺理貴さんで、3人でよくディスカッションをしました。

2001年の世界選手権大阪大会のスタッフは、他にも西村卓二さん、西飯徳康さん、笠原一也さん、大嶋雅盛さんがいて、「どうしたら日本がメダルを獲れるか」について話し合っていた時、村上さんは「ダブルスで狙いましょう」と言ったのです。私もその提案に賛同し、当時全日本社会人で3連覇していた武田明子・川越真由ペアに白羽の矢を立てました。

このペアは国際大会には全く出ていなかったのですが、2000年秋に韓国オープンに初めてエントリーして、韓国の李恩実・石恩美（04年アテネ五輪銀メダル）と互角の試合をしました。結局ゲームオールで敗れましたが、「これならいける」という手応えを感じました。「これから大阪での世界選手権で、ダブルスでメダルを狙おう。その代わり、シングルスへの出場はないよ」

01年大阪大会の女子団体のベンチ。筆者（右端）の左が村上恭和さん

と本人たちに伝えたら、「やります！」と返事をしてくれたのです。

　それからふたりは、いろいろなところで毎日ダブルスの練習を行いました。そして年が明けて、横浜でのプロツアー・グランドファイナルで決勝まで進出。自信をつけて01年大阪大会に臨むことができたのです。メダルが確定した試合では、ふたりはコンビネーションも抜群で、素晴らしい内容でした。試合後は私と三人で涙しました。

　現在では、国際的に実績の少ない選手の戦略的な起用は難しい面もあります。しかし、チームジャパンとして重要なのは、何よりもまずメダルを獲ることです。全日本選手権のベスト4に1名を加えて5名の代表を選ぶような、誰もが納得する選手選考をすれば反対する人はいないかもしれませんが、監督は「この選手だったら勝てる」という選手を信念を持って選ぶ姿勢が大切ではないでしょうか。

大阪大会で「メダル獲得作戦」の戦略を練ったのには、その2年前にオランダで行われた99年世界選手権個人戦での苦い体験があります。今でこそ世界選手権には日本からたくさんのメディアが取材に来ますが、この時は日本のメディアというのは、専門誌を除けばドイツにいる特派員の方がひとり来ただけでした。「このままではいけない、新聞やテレビでもっと取り上げてもらうにはどうしたらいいか」と戦略を考え、「2001年大阪大会でメダルを取ること、それがまず大事」ということになりました。

村上さんは08年北京五輪の後、私の後を引き継いで日本女子チームの監督になり、12年ロンドン五輪で団体銀メダル、16年リオデジャネイロ五輪で団体銅メダルと2大会連続でメダルを獲得してくれました。卓球をこれだけ多くのメディアに登場させることができたその功績は、彼のアイデアの力が非常に大きいと思います。

ダブルスに絞った「メダル獲得作戦」が実を結び、01年大阪大会で武田明子選手（手前左）／川越真由選手が26年ぶりの銅メダルを獲得

サービス理論は一流の村瀬勇吉さん。その理論を学んだ佐藤利香のエピソード

愛知のピンテックで指導する村瀬勇吉さんは、私とは古くからのつき合いです。一緒に食事した後はいつもカラオケに行って、ストレスを発散する仲です。

私たちはともに愛知県の出身。「お互いに選手を育てるために協力し合いましょう」ということで、村瀬さんには何度も白鵬に来てもらい、選手たちに指導してもらいました。彼も地元で子どもたちを教えていますから、教え子たちも一緒に来て白鵬で練習をしたり、私も彼の卓球場で何度も講習会をやりました。

村瀬さんは「試合ではサービスが非常に重要」という考えで、独特のサービスを創造しています。そして教え子たちをきちんと強くして全国大会でメダルを獲ることができる、一流の指導者です。

筆者と同じ愛知県出身の村瀬勇吉さん

私が指導した中で、村瀬さんのサービスを学んで強くなった選手のひとりに佐藤利香（88・91年全日本選手権優勝）がいます。全日本選手権の女子シングルスで佐藤が初優勝した時、星野美香さん（現姓：馬場／現ナショナルチーム女子監督）を相手に3－2で勝ったのですが、獲った3ゲームはサービスだけで10本くらいポイントを取った記憶があります。

最も印象的だったのは、最終ゲームの16－13の場面です。次の1本を取って17－13になるか、取られて16－14になるかという非常に重要な場面で、佐藤は短い下回転サービスを出すようなふりをして、いきなり星野選手のフォアへスピードのあるロングサービスを出したのです。短いサービスを読んで、前に出ようとしていた星野選手は反応できず、ノータッチのサービスエース。会場がどよめいたのを覚えています。佐藤が勝利を決めるうえで、この1本は非常に重い1本になりました。

翌日NHKが佐藤を取材に来て、「あのサービスをもう1回出してください」と言われたのですが、決勝で出したようなスピード、コースの厳しいサービスは結局出せなかったのです。それだけ質の高いサービスを、一瞬のひらめきで出してしまう佐藤は、やはり他の人にはないものを持っている選手だと、改めて感じました。

佐藤とサービスということでは、もうひとつ面白いエピソードがあります。95年世界選手権の前に長野県楢川村で代表合宿を行っていた時、佐藤が「右の胸が痛い」と言い出したのです。

1988年（昭和63年）の全日本選手権、女子シングルス決勝で女王・星野美香（左端）を破り、史上最年少優勝（当時）を果たした佐藤利香（左から2番目）

彼女は結婚して半年くらいだったので、もし「おめでた」なら困ったことになったと思いました。「疲れもあるだろうから、ラリー練習はしなくていい、サービス練習をしておきなさい」と伝えたのですが、サービス練習をしていた佐藤が「先生、痛みが増してきています」と言うのです。

結局、病院で検査してもらうことになったのですが、なんと肋骨に2本もヒビが入っていました。サービス練習をしていた時に、胸の少し下あたりにグリップが当たり、それを繰り返すうち、疲労骨折のようにヒビが入ってしまったのです。そんな佐藤に「サービス練習をしておけ」と言ったのだから、益々痛みがひどくなるのは当然でした。そこまで強く振り切っていたから、回転もスピードもあるサービスが出せていたのでしょう。

佐藤は現在、高知県の明徳義塾中学・高校で女

明徳義塾中学・高校の女子選手たちと佐藤利香監督（前列右端）。筆者は毎年、インターハイなどの大会前に同校を激励に訪れている

子卓球部を指導し、教え子が多くの実業団チームでプレーしています。指導するのは中学・高校の6年間ですが、その間に何を教えるべきか、彼女はよく理解しています。技術だけでなく、人間として、きちんと生きていける選手を育てているのです。だから卒業後、選手たちはどのチームに行っても活躍できるのでしょう。男子卓球部はご主人の建剛さんが監督を務め、やはり全国区の強豪校のひとつになっています。

私にとっての大きな喜び。全国で指導し、社会貢献を行う白鵬OG

白鵬女子高校（旧：京浜女子商業高校）の卓球部の卒業生たちが、全国各地で家庭婦人や子どもたちに指導を行い、卓球を通じて社会貢献をしていることは私にとって大きな喜びです。特に地元の神奈川には、卓球の指導に携わっているOGが数多くいます。

私が京浜に勤めるようになった年の高校3年生だった鈴鹿（旧姓：池田）都子は、神奈川の相模原市でレディース（家庭婦人）の指導をしています。88年兵庫インターハイで4回目の優勝を果たした時のメンバーで、実業団のNEC相模原でも選手として活躍した島村（旧姓：今井）美恵も相模原でクラブチームを作り、子どもたちを教えています。

私が今住んでいる横須賀市でも、インターハイで京浜が初優勝した時のキャプテンだった広川（旧姓：伊藤）陽子、88年兵庫インターハイの団体優勝メンバーである春日（旧姓：鈴木）真紀、99年岩手インターハイ団体3位のチームでキャプテンを務めた湯原美保が指導しており、竹内（旧姓：小笠原）弘美は横浜市で教えています。

関東近県で指導しているOGも少なくありません。88年ソウル五輪日本代表の内山京子は東京、90年全日本女子ダブルス優勝の前島（旧姓：秋山）真樹子は埼玉の春日部市、八朝（旧姓：斎

17年度ホープス選抜で、神奈川県選抜女子チームのコーチとしてベンチに入った島村美恵（整列の左から2人目）

藤）恵子と94年富山インターハイ団体3位のメンバーである工藤（旧姓：共田）麻紀は千葉県で指導。芦間（旧姓：村石）奈海はご主人の芦間雄太さんが茨城・明秀日立高の男子卓球部監督で、その補佐として指導に携わっています。

全国に目を向ければ、73年度卒業の益留（旧姓：橋口）恵子は宮崎県延岡市、04年度卒業で関東チャンピオンの高森夕布は福岡県北九州市でともに卓球場を経営。00年度卒業の柴田（旧姓：森門）淑子も富山県で卓球場を立ち上げ、指導しています。91年の静岡インターハイで7回目の団体優勝を果たした時のメンバーだった鎮西ひろみは、地元の長野で指導を行っています。

私が全日本女子チームの監督を務めた95年世界選手権天津大会で、日本代表として出場した森本（旧姓：河野）文江は現在、女子ホープスナショ

現在は女子ホープスナショナルチームのコーチを務める森本文江（左）。
写真はJOC エリートアカデミーのコーチ時代のもの

ナルチームのコーチ。森本と同期の須藤（旧姓：川田）聡美は2017年までろうあ者日本女子代表チームの監督を務め、世界ろう者選手権でメダルを獲得するなど素晴らしい活躍を見せました。

また、学校の教職員として部活動の指導を行っているOGもいます。18年3月の全国中学選抜女子で、5回目の団体優勝を飾った明徳義塾中学高校・女子卓球部監督の佐藤利香についてはすでに述べましたが、彼女は日本代表としても世界選手権に5回、オリンピックに2回出場し、活躍しました。横浜市立の中学校で教員をしながら卓球部を指導している小田島（旧姓：鈴木）奈美は、84年春の全国高校選抜の優勝メンバー。91年インターハイ団体とダブルスで優勝した熊谷（旧姓：福田）正美も教員をしながら指導しています。その他にも各年代のOGが全国で活躍しています。

昭和 43 年インターハイで、京浜女子商業が団体初優勝した時のメンバーと再会。左から２番目は決勝で対戦した四天王寺高のエース・浜田美保さん

１９６８（昭和43）年にインターハイ団体で初優勝してから、２０１８年でちょうど50年になりました。昨年（２０１７年）の夏、当時の団体のレギュラー４人と私で会いました。50年の歳月は過ぎましたが、優勝の感動は今も忘れられないものです。さらに決勝の対戦相手だった四天王寺高の浜田美保さんもご主人と同席してくれました。当時はライバルでも、今になってみれば仲間です。

また、30年くらい前から、白鵬を卒業した子たちの親と「白鵬会」という集まりを作り、１泊で旅行に出かけています。卓球というスポーツが縁でこうしたつながりを持てるのも、スポーツの良さではないでしょうか。

かけがえのない財産。卓球を通じて得た素晴らしい出会い

前著『夢に向かいて』を出版してから14年。その間には素晴らしい人との出会いがありました。東京の練馬区にお住まいの榎戸敬子さんと、娘さんの田崎文子さんは、ボランティア活動の企画室『ベアグループ』を立ち上げ、東日本大震災の被災地の小学生に毎日小学生新聞を寄贈するための募金を募るなど、復興支援の活動を進められています。『夢に向かいて』を読まれた感想を手紙で寄せていただき、貴重な助言をいただきました。

その榎戸さんを介して先般、京都・即成院の平野雅章住職にお目にかかる機会があり、「現世極楽浄土」の説法を伺い、大変勉強になりました。「人生は生きているうちが花、楽しく、また他人のために役立つことをしなさい」と説かれました。

一方で、この14年間には悲しい別れもありました。先に述べたように、私が最も尊敬する指導者だった中国・南京の楊光炎さんが２００８年１月に他界。同年８月の北京オリンピックでお会いする約束をしていたのですが、その願いはかないませんでした。

また、２０１４年11月22日、「いい夫婦の日」に長年連れ添った妻を病気で亡くしました。「亭主元気で留守が良い」という言葉に従うならば、私は模範的な亭主でしたが、家族サービスはほ

とんどできず、家のことはすべて妻に任せていました。今になって思えば、妻の理解と協力なくしては今日の自分はありません。感謝の気持ちでいっぱいです。

以前は、ほとんど卓球界しか人脈がなかった私ですが、今では異分野の仕事をされている人たちとの交流がたくさんできました。それは東京・新宿御苑にあるフォトスタジオ『パコスタジオ』のオーナーであるカメラマン、高橋和幸さんのおかげです。高橋さんは卓球専門誌『卓球王国』の初代発行人で、創刊号から卓球王国のメインカメラマンとして活躍されていました。その関係で、以前から親しくさせていただいていましたが、最近になってさらに急接近。パコスタジオに集まる高橋さんの友人の方々と親しくなり、人の輪が広がっていきました。ほとんどは卓球と縁がなかった人たちばかりですが、月に1回ほどニッタク（日本卓球株式会社）さんの卓球場をお借りして練習会も行っています。

また、群馬県伊勢崎市で中野卓球センターを経営する中野昭氏は私の「同期の桜」。大正大学を卒業後、桐丘高校に赴任し、卓球部監督として73年インターハイ女子団体優勝、同年の全日本ジュニアで高橋紀子選手が優勝するなど、多くの選手を育てられました。長く友人として交流し、今でも時々スクールの指導にお邪魔しています。

卓球を通じて得た、胸が熱くなる素晴らしい出会い。それは私にとって、かけがえのない財産になっているのです。

東日本大震災の復興活動を行う榎戸敬子さんと、京都・即成院にて

写真右端がカメラマンの高橋和幸さん。高橋さんを通じて、卓球界とは異なる世界でも多くの友人を得た

あとがき

もう数年前になりますが、私は大きく心を動かされる体験をしました。

神奈川県体育協会主催の子ども卓球体験教室が西湘体育センターで開催され、私が指導に行く予定になっていました。ところが、前日夜から大型台風が接近し、当日早朝に体験教室は中止になってしまったのです。私は中止の決定を会場に向かう電車の中で知り、そこで引き返そうかとも思いましたが、とにかく会場まで行ってみることにしました。

電車が遅れていたため、開始時間から1時間くらい遅れて会場に着きました。すると、ひと組の親子が私の到着を待っていてくれたのです。これには驚きました。体験教室のスタッフの方に聞くと、そのお父さんは教室が中止になったにも関わらず、「近藤先生は必ず来る」とおっしゃって、お子さんと待っていたそうです。

私は胸が熱くなり、そのお子さんひとりだけで体験教室をやろうと決めました。スタッフの方にお願いして会場を借りることができ、1時間練習しました。「人の心を動かす」とはこういうことなのかと、私はその親子から学んだのです。指導者も選手の心を動かすことができなければ、どれだけ素晴らしい言葉を重ねたとしても、選手を心の底から成長させることはできません。

最近のスポーツ界では、指導者のいわゆる「パワハラ（パワーハラスメント）」問題や、選手による故意の反則プレーなど、多くの問題が起きています。

目標はただひとつ「勝利」だけで、負けてしまったら何の価値もない。指導者がそういう教え方をしていると、結果が出なくなった時に間違った方向に行きやすいのです。ついには「ルールに違反してでも」ということになってしまいます。

私も36歳で大病をして、自分の指導を見つめ直す機会を得るまでは、いわゆる勝利第一主義でした。しかし、卓球を通じて多くのことを学び、経験し、人として大切なものを身につけていけば、結果が2位や3位であっても、高校の部活動としては立派に目標を達成している。そう感じることができるようになったのです。何より、「負けたらすべてゼロ」という指導では、やがて選手たちは努力を避けるようになり、卓球が嫌いになってしまいます。私は卓球を嫌いにさせたくはありません。

現在、白鵬女子高の卒業生たちが、全国各地で地域の子どもたちに卓球を教えていますが、それは卓球が素晴らしいスポーツ、楽しいスポーツであり、卓球を通じて自分が多くのことを学べたからでしょう。ただお金だけが目的で教えているわけではありません。指導している教え子たちに会うたびに、「社会貢献の気持ちでやりなさい」といつも言っています。

卓球界では2001年9月から11点制が採用され、さらに100年以上続いたセルロイドボールから、材質がプラスチックに変わりました。ボールの重さ自体は変わらないものの、大きさはわずかに大きくなり、セルロイドとプラスチックの比重の関係でわずかに厚くなり、さらに硬さも増しています。

このような様々な変革は、卓球界の明治維新ならぬ「平成維新」とも言えるものでしょう。おのずから技術や戦術の変化、さらに新たなる用具の開発へとつながり、その対策や導入が必要になりました。当然のことながら、練習内容や練習方法も考慮していかなければなりません。本著が指導の現場において、今までの練習を振り返るきっかけとなり、指導者や選手のさらなる卓球発展の一助になれば幸いに思います。

私の指導環境にも多くの変化がありました。2004年末から2008年北京五輪までは、再び日本女子チームの監督となり、北京五輪という最大のイベントを迎えました。この大会から五輪の卓球競技に団体戦が導入され、「記念すべき初の団体戦でメダルを獲ろう」というのがチームのキャッチフレーズでした。

本大会では格上の香港チームに競り勝つも、3位決定戦で韓国に敗れ、惜しくも4位でした。目標は達成できませんでしたが、平野早矢香、福原愛、福岡春菜の3選手は死力を尽くして戦ってくれました。まさに自己新記録の内容でした。

2010年からの5年間はJOCエリートアカデミーで指導に携わり、将来有望な選手たちとともに活動。技術の指導は当然のことながら、精神面の指導に難しさを感じましたが、そんな中で平野美宇選手の活躍は誠にうれしい限りです。

2016年からは実業団チームのサンリツの監督に6年ぶりに復帰。幸運にも、その年の全日本選手権女子ダブルスで中島（現姓：大矢）未早希・天野優ペアが優勝。また18年日本リーグ後期では8期ぶりの涙の優勝と、選手とともに感動的な思い出をたくさんつくることができました。社会人チームの指導は自主性を重んじ、自分で考えさせることが重要という理念のもと、指導を行いましたが、同時にその難しさも痛感しました。

今、卓球界は若手選手の活躍で大きな注目を集めており、卓球人としてはこの上ない喜びです。世界の大舞台で、長年の目標である「打倒・中国」を達成する日も遠くはないでしょう。「夢に向かいて」卓球と関わって62年。75歳の後期高齢者となった今の気持ちは「ありがとう卓球、そして素晴らしきかなインターハイ」です。

本書の出版にあたり、卓球王国の今野昇編集長、柳澤太朗さん、日本卓球株式会社の北岡功社長、市原知郷さんには多大なるご協力をいただきましたこと、感謝申し上げます。

平成三十年七月

近藤欽司

著者略歴

近藤 欽司（こんどう　きんじ）

1942（昭和17）年9月25日、愛知県知立市に生まれる。名古屋電気工業高校（現・愛工大名電高）時代にインターハイ団体優勝、国体優勝を果たす。

卒業後、日産自動車（神奈川）に入社。日産退社後、教員資格を得るために法政大学入学。1965年から白鵬女子高（当時・京浜女子商業高）の監督に就任し、インターハイの女子学校対抗で8回優勝、数多くのチャンピオン・日本代表選手を育てる。

世界選手権では計10大会（団体・個人）で全日本女子チームの監督を務め、団体で3個の銅メダルを獲得。2008年北京五輪でも監督となり、日本女子代表の福原愛・平野早矢香・福岡春菜とともに戦った。全日本女子監督退任後は、実業団のサンリツ女子チーム監督（09年・15～18年）、JOCエリートアカデミー女子監督・男女ヘッドコーチなどを歴任した。

魅せられて、卓球

2018年8月25日　初版発行
2019年1月25日　第二刷発行

著　者　　近藤　欽司
発行者　　今野　昇
発行所　　株式会社卓球王国
〒151-0072　東京都渋谷区幡ヶ谷1-1-1
電話　03-5365-1771
http://world-tt.com
印刷所　　シナノ書籍印刷株式会社

定価はカバーに表示してあります。乱丁本、落丁本は小社営業部にお送りください。
送料小社負担にて、お取り替え致します。

ISBN978-4-901638-52-4